藍學堂

學習・奇趣・輕鬆讀

一本書讀懂匯率

盧泳佑、趙慶燁————著　陳柏蓁————譯

44個匯率關鍵概念，看懂全球經濟脈動，做對投資理財決策

세상 친절한
환율수업

노영우、조경엽

目次

推薦序　一本掌握匯率的入門指南　財經捕手　　007
前　言　看懂匯率，你就能看懂世界經濟　　011

|第1章| 匯率的誕生

01　田禹治與一價法則　　016
02　學習匯率的起點：國家、貨幣與貿易　　021
03　貿易的絕對力量、技術的相對優勢決定匯率　　025
04　金本位制 → 美元本位制 → 市場本位制?!　　032
05　沒有不被國家干預的外匯市場　　036
06　入侵生活的匯率，被匯率入侵的生活　　041
07　別以為能管控匯率　　046

|第2章| 決定匯率的地方──外匯市場

08　外匯市場的三項特性：集體性、相對性與模糊性　　056
09　物價與匯率的雙向關係　　064
10　景氣動向與匯率的矛盾關係　　067
11　金融市場與匯率的心理層面關係　　071
12　利率與匯率的直觀關係　　078

| 13 | 依時間與條件交易的外匯市場 | 082 |
| 14 | 外匯存底，國家的緊急預備金 | 086 |

第3章 | 美元霸權與匯率

15	造就美國強權的力量，美元霸權	092
16	美元沒有匯率，但有美元指數	096
17	尼克森衝擊後更強勢的美元	101
18	美元守護者——美國認定的匯率操縱國	107
19	美國的秘密武器——央行之間的貨幣交換	113
20	美元武器化與去美元化的發展	117
21	假如美元從世界上消失	121

第4章 | 匯率與韓國經濟

22	韓國外匯市場匯率不斷上升	128
23	韓國外匯市場的風險因素	133
24	唯有出口才有生路？幸好有匯率	138

| 25 | 假如外匯管理失敗，對韓國經濟有何影響？ | 143 |
| 26 | 全球匯率戰爭是「魷魚遊戲」 | 149 |

第5章 | 對美元霸權的挑戰與限制

27	中國以人民幣挑戰美元霸權	156
28	金磚國家的共同貨幣構想	169
29	多重人格的印度，是否為新崛起的國家	172
30	想在數位世界脫離美元的國家	175
31	把匯率與利率政策交給美國的國家	177

第6章 | 看美元臉色的日本與歐元區

32	讓日本復活的貶值政策	184
33	日圓貶值造成利害關係分歧	189
34	歐洲整合的象徵，歐元區	193
35	歐元區的矛盾，貧富差距擴大	198
36	歐元面對許多難題，未來何去何從	202

| 第7章 | **我們身邊的匯率**

37　匯率是上升好？還是下降好？　　　　　　　　　　208
38　國外旅遊、基金投資……該事先兌換外幣存放嗎？　211
39　影響國內股市的一隻看不見的手——外國投資人　　215
40　投資海外證券是一舉兩得還是雪上加霜？　　　　　217
41　聽說日圓很便宜，要不要用低利率辦理外幣貸款？　220
42　匯率風險難道無法避免？　　　　　　　　　　　　223
43　轉嫁給消費者的貶值政策　　　　　　　　　　　　226
44　比特幣能否取代傳統貨幣？　　　　　　　　　　　228

後　記　美元的旅行　　　　　　　　　　　　　　　　233

推薦序　一本掌握匯率的入門指南

財經捕手（總經專家／財經專欄作家）

「由於日圓大幅貶值，換 10 萬新台幣就可以多吃30碗拉麵！」熱愛去日本旅遊的台灣人，一定常常會看到類似的新聞，這也是大多數人對「匯率」最有感的地方之一。

當然並不僅僅體現在旅遊上，匯率可以說已經滲透我們生活中的方方面面：小到進口水果和咖啡豆等商品消費價格，大到個人投資理財、企業進出口生意乃至國家的外匯存底。

特別是對於投資理財而言，不僅企業的匯兌收益或損失會直接影響 EPS 表現，投資美股時美元兌新台幣的匯率高低也會直接影響投資報酬率，更不用說直接投資外匯。

因此，要看懂國際新聞乃至做好投資理財，匯率是必須要了解的重要領域。因為匯率涉及到世界經濟運行的方方面面，正如本書的前言標題：看懂匯率，你就能看懂世界經濟。

本書讓我印象深刻的一大特色是用深入淺出的方式、搭配生活化的應用案例來闡述匯率的總體邏輯架構，包含現代匯率如何形成的前世今生。

首先從基本概念出發，探討匯率的誕生條件：國家、貨幣與貿易，以及各國貨幣政策對匯率和物價的影響。一開始用簡單的說明就建立了解匯率的框架。

這個單元提到了一個重要觀點：匯率並非完全由市場供需決定。這應該有打破一些人對於「自由市場經濟」的觀念。許多時候國家政策、國際政經局勢甚至是金融機構的操作，都可能對匯率產生重大影響。這讓讀者在理解匯率時，能夠從更宏觀的視角出發，避免只依賴表面數據進行判斷。

在了解匯率的框架後，作者深入另一個重要觀念：支持美國成為世界霸權的力量，並不只源自於科技和國防實力，最主要來自於「金融與美元」！深入解析美元的霸權地位如何形塑當今的國際金融秩序，以及其他國家在此架構下如何調整自身的貨幣戰略，包括人民幣、日圓、歐元等主要的發展趨勢。

這也是我認為本書的一大特色，不只停留在對於匯率比較表淺的闡述，更深入國際層面探討匯率的重要影響，包括美元武器化、央行貨幣互換、匯率操縱等。這非常符合近期在國際被廣泛討論的一個重要主題：全球潛在的去美元化現象。

由於全球的匯率目前是圍繞「美元」運轉，因此一旦去美元化將導致匯率市場的深刻變化，包括全球央行搶購黃金、人民幣國際化、金磚國家共同貨幣、比特幣取代傳統貨幣等議題，長期來看都會影響到我們的投資判斷乃至生活的方方面面！

值得一提的是，本書並非僅僅停留在理論層面，而是透過各種實際案例，讓讀者能夠將匯率知識應用於投資決策、外匯交易、企業經營，甚至是日常生活中的消費和旅遊。

舉例來說，書中探討了如何根據匯率變動來規畫海外投資，包括兌

換外幣的眉角,以及匯率波動如何影響進出口貿易與物價。

　　如果是想更透徹理解匯率的邏輯、掌握投資與市場趨勢,甚至是如何影響國家和全球經濟變動,那麼這本《一本書讀懂匯率》將是非常好的入門與指南。

前言　看懂匯率，你就能看懂世界經濟

　　喝完一杯早晨咖啡之後邁開腳步，搭上捷運開啟上班族的通勤之路。在捷運上用手機查詢昨天夜裡美國的股市表現，確認前不久剛買的蘋果（Apple）股票是漲是跌。中午休息時間到公司附近的麥當勞（McDonald's）簡單買個漢堡當午餐，邊吃邊搜尋最近想買的運動鞋款，發現最便宜的價格立刻下單（直接從國外網站購買）。下班後回到家，看了很嚮往的國外旅遊資訊，之後便進入夢鄉。

　　前面這段描述可能是許多人都有過的日常生活，雖說如此，大家平時卻不太會特別提起「匯率」，只有在媒體以「匯率狂升、經濟危機」的斗大標題報導時，才會覺得「好像有什麼不對勁」，稍微關心一下匯率，然後很快又會忘記。匯率一詞總是不經意地浮現在我們的腦海裡，其實在大家的生活中，許多事情都與匯率有密切關係。

　　咖啡的原物料是咖啡豆，在韓國全都來自於進口。業者進口咖啡豆時如果匯率變動，就會影響咖啡價格。投資人買國外股票時，股價與數量會受匯率影響，報酬率也同樣會因匯率而異。午餐的麥當勞漢堡是由美國業者的韓國分公司生產，美國總公司決定在韓國投資成立分公司時，匯率是重要變數。當我們在國外網站直接下單訂購運動鞋時，價格與匯率有直接關係；要去國外旅遊前的兌換外幣，匯率當然也非常重要。

與匯率有關的議題層出不窮。在韓國有不少投資人購買銀行或證券公司銷售的海外基金，卻因匯率變動遭受龐大損失，造成金融圈人心惶惶。美國聯準會（Fed）公布的利率決策經常讓外匯市場不平靜，北韓試射飛彈、烏克蘭與中東的戰火不停，國際政治局勢動盪也會表現在外匯市場。多虧有這些事件讓大眾注意到匯率問題，生活中開始有以匯率為主題的研討會與講座吸引人潮，網路上談論匯率的 YouTube 影片也獲得很高點閱率。

　　匯率像一張巨大的魚網，網住了各種經濟活動。如果能學好匯率，不但能更懂經濟，也能掌握更多帶來經濟利益的機會。匯率隱含的資訊遠多於成長率、物價、利率、股價等其他經濟指標，用剝洋蔥的方式探討匯率，不僅能看到經濟的表徵，還能看透經濟的本質。

　　這本書將透過個人與國家的經濟活動，說明匯率如何決定、如何影響個人的經濟生活和國家的經濟發展，讓讀者可看懂生活中的匯率變化及匯率走勢，培養利用匯率觀察總體經濟發展的能力。

　　為了讓讀者容易讀懂匯率，本書會從匯率存在的三項條件講起。匯率存在的三項條件是國家、貨幣與貿易。因為有國家存在，各國進行著貨幣經濟，國與國之間有貿易活動，才會誕生匯率。只要缺少一項條件，匯率就沒有存在的意義。你我正處於不能缺少國際貿易的時代，所以更應該懂匯率。本書將以多個經典案例與理論，依照匯率存在的三項條件加以說明。

　　匯率本身也有三項特性，是集體性、相對性與模糊性。匯率雖然只是一個數字，卻是由許多行動產生的結果。一國之中，眾多人民的經濟

行為與由此產生的市場變化全部集合在一起,結果就是匯率。一個國家就算維持著與以往相同的經濟活動,匯率依然有可能因為對手國的經濟活動而改變,也會因為國際經濟環境改變而有所不同,這是匯率的「相對」變化。此外,當匯率變動的時候,很難明確找出影響變化的原因,這是匯率的「模糊性」。正因為匯率有這三項特性,匯率常引發不同觀點的爭論,如果能了解這些特性,就能預測匯率的變化。

匯率的決定表面上強調經濟邏輯,實際上卻經常有國家的力量介入,本書會談到國際間的經濟影響力如何影響匯率。美國的貨幣——美元是全球匯率的中心點,不論從質化或量化的角度來看,美元都與其他國家的貨幣有別。本書會以較大篇幅著墨於美元,包括:為何美元會成為國際準備貨幣(reserve currency)、美國如何介入外匯市場的匯率決定、美元背後隱藏的國際政治角力,並且補充中國想以人民幣挑戰美元霸權的主題,介紹歐元、日圓與新興國家的匯率,希望讀者可以理解外匯市場為何「看起來公平,實際上卻不公平、看起來平等,實際上卻不平等」。

韓國是對外開放程度很高的經濟體,很容易受匯率影響。雖然韓國的經濟規模排名在全球前十大,韓國的貨幣在外匯市場卻沒獲得應有的待遇。為何會有這種不一致的現象、為何韓國容易受匯率變化影響,本書會分別從邏輯與歷史的角度說明。

如果一件事情與大家的生活無關,再怎麼有趣、生動的解說都無法引起讀者共鳴。本書還會以出國旅遊、投資外國股市或債券、辦理美元存款等生活中會遇到的情況講解匯率。繼韓國股票市場的東學螞蟻[1]

之後，西學螞蟻風潮[2]興起，韓國投資人開始投資新興國家的股票與債券。期望本書能為投資人奠定更扎實的基礎，減少「跟風投資」、「追高投資」心態造成的損失。

很難在有限的篇幅放入全部關於匯率的知識，筆者只能盡量將大家應該知道的重點納入內容。身為記者與研究人員，我們以二十多年的工作經驗，將理論延伸到現實，解釋匯率的本質，利用淺顯易懂的方式說明。倘若讀者仍然覺得難以理解，代表我們的教學功力還有待精進，盼望讀者海涵，也千萬不要因此放棄學習匯率。

如果讀者因為這本書而讀懂了匯率，相信在觀察全球經濟與金融市場的時候不會再覺得遇到瓶頸。利率與匯率是支撐經濟與金融的兩大支柱，先前我們合著的《一本書讀懂利率》已經在2023年出版上市，希望這本針對匯率講解的《一本書讀懂匯率》能讓讀者看待世界經濟的視野更寬、更廣。

盧泳佑、趙慶燁

1　譯註：「東學」取自歷史上的東學黨事件，朝鮮時代的農民起義，反抗貴族與外國勢力，「螞蟻」比喻散戶投資人。「東學螞蟻」描述2020年新型冠狀病毒（COVID-19）疫情變成全民長期抗疫時，外資拋售韓國股票，造成韓國股價下跌，韓國散戶投資人積極買進，成功對抗外國資金抽離，捍衛韓國股市的現象，形容韓國散戶投資人團結力量大。

2　譯註：與「東學螞蟻」意思相反，「西學螞蟻」比喻熱中於投資美國標準普爾五百指數、美國人氣科技股的韓國散戶投資人。

第1章

匯率的誕生

01 田禹治與一價法則

請大家一起來個奇幻的想像,在這個想像的世界裡,搬運物品不必花費時間與金錢,彷彿韓國古典小說《田禹治傳》[3]的主角現身,提著物品瞬間穿梭在現代的大街小巷。這會發生什麼事?

假設一盤比目魚生魚片在釜山札嘎其市場(Jagalchi Market)的價格是10,000韓元,在首爾的餐廳要價20,000韓元。會有如此的價格差異是因為札嘎其市場接近產地,漁夫在釜山捕獲比目魚後,必須花費時間和成本把比目魚運送到首爾,所以首爾的價格比釜山貴。田禹治靈機一動,想到一個賺錢的方法,就是在釜山買一盤比目魚生魚片,瞬間帶著生魚片來到首爾,用20,000韓元的價格賣出。換句話說,田禹治不花吹灰之力,只是**轉賣**這盤生魚片,立刻就賺到10,000韓元的利潤。如果田禹治用這個方式重複往返釜山和首爾,賣出一百盤生魚片,就能賺到100萬韓元。

田禹治的1號分身看到有這麼好賺的事情,立刻如法炮製做起生

3　譯註:以朝鮮時代奇人術士「田禹治」為藍本的古典小說,小說裡田禹治精通幻術,有超能力,可瞬間移動。

意，一樣從釜山帶比目魚生魚片到首爾，但是只用15,000韓元賣出，每賣出一盤賺得5,000韓元。這麼一來，田禹治本尊無法再用一盤20,000韓元的價格賣比目魚生魚片，首爾的比目魚生魚片價格降為15,000韓元。這時候田禹治的2號分身也出現了，用同樣的手法從釜山帶生魚片到首爾轉賣，而且用更便宜的價格13,000韓元銷售。之後，其他田禹治分身陸續加入往返釜山與首爾的比目魚生魚片轉賣行列，用更低的價格賺取價差。由於轉賣生魚片的田禹治愈來愈多，首爾的比目魚生魚片價格最後停在10,000韓元左右，也不再出現新的田禹治分身加入競爭。因為田禹治在釜山必須用10,000韓元取得一盤比目魚生魚片，帶到首爾之後無法提高價格銷售獲利。不過這樣的手法改在韓國其他地方出現，最後讓韓國各地的比目魚生魚片價格全都變成一盤10,000韓元。

　　除了比目魚生魚片之外，在大邱種植的蘋果、在木浦捕獲的小章魚、在坡州製造的家具用品等，只要是產地價格與銷售價格不同，就會有類似田禹治的商人出現，進行商品的異地轉賣賺取差價，最後讓韓國各地的價格全面一致，例如：一盤比目魚生魚片不管在韓國哪裡銷售都是10,000韓元、一箱大邱蘋果在韓國各地的交易價格都是20,000韓元。對相同的商品而言，在市場上只存在一種價格就是所謂的「一價法則」（law of one price）。

一價法則逐漸動搖的世界舞台

　　現在請大家把想像的地點從韓國放大到全世界。朝鮮時代的田禹治

只在朝鮮半島活動，二十一世紀的田禹治活動範圍擴大到全世界，就像從釜山瞬間移動到首爾一樣，田禹治與他的分身可以瞬間從首爾帶著物品移動到紐約，差別只是田禹治在首爾做生意使用韓元，在紐約買賣必須使用美元。田禹治聽說韓國手機在紐約很受歡迎，打算從韓國買手機帶到美國銷售。假設手機在韓國的售價是100萬韓元，在紐約的售價是1,000美元。在韓國的田禹治若要去美國賣手機，必須比在韓國賣手機多一道手續。首先，田禹治必須帶著手機瞬間飛到紐約，在當地用1,000美元賣出，獲得1,000美元，再把1,000美元帶回韓國兌換成韓元。這時韓元與美元的交換比例，也就是匯率（exchange rate），會決定田禹治能賺到多少利潤。假設在韓國1美元能兌換到1,000韓元，那麼田禹治在美國賣手機獲得的1,000美元帶回韓國就能兌換成100萬韓元。換句話說，田禹治在美國賣手機跟在韓國賣手機得到一樣多的錢。

　　假如在韓國1美元可以兌換到1,100韓元，這會發生什麼事？田禹治從韓國拿手機到美國以1,000美元賣出，並且將得到的1,000美元帶回韓國兌換到110萬韓元，這會比在韓國賣手機多賺到10萬韓元。因為這個生意有利可圖，會出現其他田禹治分身，同樣把手機從韓國拿到美國轉賣，取得美元帶回韓國。不過這時候跟「釜山與首爾有價差的情況」略微不同，就算出現田禹治1號分身與2號分身把韓國的手機帶到美國轉賣，也很難改變手機在美國的售價。因為美國的市場規模遠大於韓國，就算韓國手機在美國多賣出一些，均衡價格應該還是會維持不變，而且也很難無限量地把韓國手機帶到美國銷售。因為在美國市場的手機價格改變之前，美國與韓國的貨幣交換比例──匯率可能已經先有改變。

在這個例子裡，價格變動的傳遞機制如下。韓國有交換美元與韓元的市場，當田禹治1號與2號分身在美國賣出韓國手機，並且把取得的美元帶回韓國，這會使韓國市場上的美元供過於求，造成交換貨幣的市場上美元價格下跌。原本1美元能兌換到1,100韓元，因為美元的供給持續增加，逐漸有人願意接受1美元交換少於1,100韓元的價格。假如1美元兌換韓元的價格是1,050韓元，田禹治在美國用1,000美元賣出手機，帶回韓國的美元就只能兌換到105萬韓元，等於每賣出一支手機賺得5萬韓元。只要想賺這筆錢的田禹治分身不斷出現，韓國市場上的美元供給就會繼續增加，造成美元價格下跌，直到1美元兌換韓元的匯率降到1,000韓元的時候，想轉賣套利的田禹治及分身就會消失。

相反的，假如在韓國1美元兌換韓元的比例下降到900韓元，這又會造成什麼結果？田禹治在韓國必須用100萬韓元採購手機，拿到美國以1,000美元賣出，但是帶回來的1,000美元只能換得90萬韓元，這種不賺反賠的生意絕對不會吸引田禹治。其實如果換個方式思考，田禹治在這個時候還是有機會獲利。當田禹治先用90萬韓元兌換成美元，可得到1,000美元，到紐約用1,000美元買手機帶回韓國，再用100萬韓元的價格賣出，就能賺到10萬韓元。這種方式有利可圖，於是又吸引其他田禹治的分身出現，造成兌換貨幣的市場上，想用韓元兌換美元的需求增加，造成韓元價格下跌。當美元的需求增加，卻供不應求，美元的價格就會逐漸上漲，最後匯率回到1美元兌換1,000韓元的時候，轉售的生意不再有利可圖，田禹治自然消失。

田禹治的故事到此為止，內容雖然不多，卻隱含了許多匯率的概

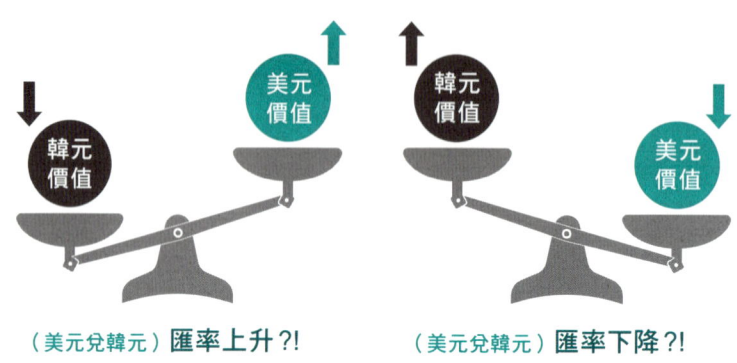

念。首先,在不考慮運輸成本與時間的經濟模型之中(理想狀態下),同一件商品在世界各地的交易價格都會相同,且匯率會引導價格達到均衡。然而,能瞬間移動的田禹治並不存在,也不存在可以讓貨幣與商品不考慮運輸成本與時間的理想市場,因此匯率會不斷變動,讓各國的經濟有所起伏。

02 學習匯率的起點：國家、貨幣與貿易

　　正式開始學習匯率之前，必須先從國家、貨幣與貿易談起。因為匯率是國家、貨幣、貿易相互作用下的產物，這三項條件也會影響匯率變動。

　　沒有國家，就沒有匯率，唯有在兩個國家或更多國家的國際經濟活動裡，討論匯率才有意義，而且在各國之間，不同貨幣也必須能夠通用。位在中美洲的薩爾瓦多以美國的美元作為貨幣，德國、法國、比利時等二十個歐洲國家以歐元（Euro）作為單一貨幣，因此薩爾瓦多與美國之間、歐元區的會員國之間，無須特別定義匯率。換句話說，薩爾瓦多與美國、歐元區的國家之間雖然有國家的區別，但是在貨幣的使用上沒有區別，所以不需要有匯率。此外，匯率必須是在兩個以上的國家相互進行國際貿易時才有意義。以朝鮮時代的韓國與非洲迦納為例，雖然是不同國家，也各自有不同的貨幣，但是兩國之間沒有貿易活動或旅行的交流、來往，這種情況也不必考慮匯率問題。

　　國家、貨幣、貿易，必須同時具備這三項條件，國家之間才會有貨

幣交換，有必要決定貨幣的交換比例，也就是匯率。匯率是由兩個國家決定的一個比例，例如：韓國與美國決定美元兌韓元匯率是1,000韓元。假如世界上有150個國家，就能用〔（150×149）÷2〕計算出11,175種匯率。雖說如此，實際上不會在一萬多個市場上進行貨幣交換時，逐一計算每一種不同的匯率。以韓國外匯市場（foreign exchange market）為例，只會直接進行韓元與美元、韓元與人民幣的交易，韓元與其他國家的匯率則透過美元決定。

韓國與其他國家匯率的決定方式如下。韓元與美元的匯率是以1美元兌換多少韓元報價，如果美元兌韓元匯率是1,000韓元，表示1美元可交換到1,000韓元。歐元與美元的匯率則是以1歐元兌換多少美元報價，若歐元兌美元匯率為1.2，表示1歐元可在外匯市場兌換到1.2美元。每個國家進行匯率報價的方式都不同，韓國、日本、中國是以1美元能交換的本國貨幣報價[4]，歐洲、英國則是以1歐元或1英鎊可交換的美元比例報價[5]，已經成為市場上的習慣。

韓國有交易美元與韓元的外匯市場，美國紐約有交易美元與歐元的外匯市場。假設在各個市場都是以1美元兌換1,000韓元交易，在交易美元與歐元的市場是1歐元兌換1.2美元，這時韓元與歐元的匯率是利用各個市場上交易的匯率計算。如同前面假設，因為1美元兌換1,000韓元，1歐元兌換1.2美元，所以1歐元兌換韓元的匯率是1,200韓元

4　譯註：直接報價法，也稱為美式報價法，台灣也採用直接報價法。
5　譯註：間接報價法，也稱為歐式報價法。

（1000×1.2）。對於市場上不直接進行交易、兩種貨幣必須以美元當作媒介計算的匯率稱為交叉匯率（cross exchange rate）。

韓元與日圓之間的匯率也是透過交叉匯率的換算決定。假設韓國外匯市場的美元兌韓元匯率是1,000韓元，日本東京外匯市場的美元兌日圓匯率是1美元兌換100日圓，日圓對韓元匯率就是用100日圓兌換1,000韓元報價。

韓元與歐元、韓元與日圓都沒有可以直接交易的市場，但是能以交叉匯率的方式計算匯率、報價，還是能依照這個比例進行兩國貨幣交換。換句話說，除了韓元與美元、韓元與人民幣的匯率是實際市場上的

匯率成立的條件

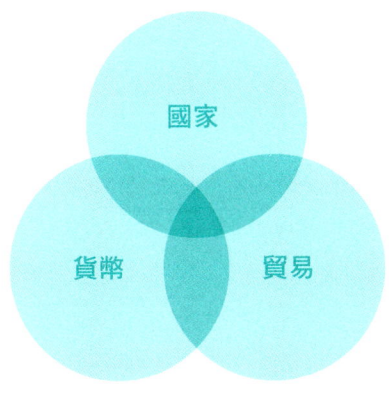

只要國家、貨幣、貿易三者之中缺少一個，匯率就不會成立。

交易價格，其他貨幣的匯率都是利用韓元與美元、韓元與人民幣的匯率作為媒介，換算得到的交叉匯率。

03 貿易的絕對力量、技術的相對優勢決定匯率

在一個部落裡,有些人擅長捕魚,有些人很會採集蔬果。採集蔬果的人雖然累積了好幾籃的蔬菜和水果,有時候還是會想吃魚,捕魚的人偶爾也想換換口味多吃一些蔬果,這是人之常情。如果他們把各自擁有的食物拿出來交換,就可以同時吃到蔬果跟海鮮,雙方皆大歡喜。

如果把以物易物的主角從個人換成部落,同樣也是可行。A部落盛產蔬果和魚貨,有非常充足的糧食供應,對岸的B部落擅長製造帽子、衣服等穿著用品。如果每一位想要衣服的A部落族人各自帶著食物渡河,到B部落交換衣服,會產生非常高的成本,而且一個人獨自渡河也很危險。A部落的酋長想到一個辦法,每個月有一次交換活動讓族人拿出想交換衣服或帽子的蔬果與魚貨,請B部落的酋長一樣每個月一次讓族人拿出想交換食物的衣服與帽子,由專人負責渡河交換,把換得的物品帶回去分給族人。

部落之間的交易如果可以皆大歡喜固然不錯,實際上卻不太可能,因為會有交換比例的問題。A部落希望用五條魚交換三件衣服,B部落只

想用兩件衣服交換五條魚，兩個部落開始討價還價。議價的時候，力量強大的一方通常比較有影響力，強悍的部落想為自己這一邊爭取有利的交易條件，弱小的部落只能啞巴吃黃連，摸摸鼻子認虧。所以進行貿易的時候，部落的強盛與否非常重要。

　　隨著時間經過，部落壯大成國家，國家之間的貿易也是相同道理。古代東方國家與西方國家的貿易項目有黃金、白銀、香料、絲綢等物品。中國的絲綢很受西方國家歡迎，商人在中國買了絲綢，帶到歐洲能賣到好價錢；西方的胡椒也很受東方人喜愛，商人從西方國家帶回中國的胡椒非常珍貴，價格是以一小粒一小粒來計算。因此，有許多商人願意承受長途跋涉可能遭遇的天災與盜賊風險，也要帶貨走過大半個地球進行國際貿易。為了讓東西方的貿易能順利進行，經過幾十年、幾百年發展，陸地上開闢出著名的絲路，海上也有繞經非洲南端好望角的航路。

　　不論是東方或西方，貿易都是賺錢維持經濟發展的必要活動，國家會對本國商人提供物質或精神上的支援，讓商人在有利的環境下協商價格，有時甚至還會動用武力，只為了確保貿易進行。近代國家形成之後，國與國之間的交易愈來愈不平等，也愈來愈不公平。大國與小國貿易時，貿易條件（TOT, terms of trade）經常只對大國有利，造成富裕的國家更富裕，國與國的貧富差距更大。

　　國際貿易的必要性雖然不難理解，但是「該如何」進行國際貿易就經常眾說紛紜。經濟學之父亞當・斯密（Adam Smith）舉例說明國際貿易的必要性。十八世紀英國的羊毛產業發達，葡萄牙盛產葡萄酒。亞當・斯密主張，在這種情況下，英國應該集中發展紡織產業，只生產紡

織品,葡萄牙則該專注於生產葡萄酒,兩國交換各自生產的產品,雙方皆受益;國家扮演的角色是讓兩國貿易可順利進行,物品的交換比例、交換數量應由兩國的生產者自行決定。依照這種方式進行的自由貿易若擴大到全世界,所有國家都能變得富裕。

亞當‧斯密的自由貿易理論在英國發生工業革命之後有更進一步的發展。1769年詹姆斯‧瓦特(James Watt)發明蒸汽機,為製造業帶來連鎖的技術進步,英國因而在許多製造領域都比其他國家更有生產力(productivity)。以前是英國較擅長製造紡織品,葡萄牙較擅長釀製葡萄酒,工業革命之後,英國的紡織品生產力大幅提升,保存葡萄酒的技術也超越葡萄牙。依照亞當‧斯密的說法,英國的紡織品與葡萄酒技術皆優良,無須再與葡萄牙進行貿易。

經濟學家大衛‧李嘉圖(David Ricardo)卻有不同看法。李嘉圖認為,就算英國製造紡織品與葡萄酒的技術都優於葡萄牙,還是要進行貿易才會更有利。雖然英國能生產品質很好的紡織品,也能釀造不錯的葡萄酒,但是若與葡萄牙的技術相比,產量或品質應該還是會有差異,例如:英國的紡織品產量是葡萄牙的兩倍、葡萄酒的產量只有葡萄牙的1.5倍。這時英國應該集中生產紡織品,葡萄牙集中生產葡萄酒,將兩種產品進行交換,兩國就可消費更多的紡織品與葡萄酒。

亞當‧斯密主張「絕對利益」,李嘉圖主張「相對利益」,兩項主張雖有差異,最後都是肯定自由貿易。綜合亞當‧斯密與李嘉圖的理論,就算兩國的經濟發展水準不同、生產力不同,國家若能保障自由貿易順利進行,兩國國民都能獲益。

問題出在決定交換比例，還是一國的國力與經濟實力？

就算可以接受亞當・斯密與李嘉圖的看法，還是存在兩個問題。第一個問題是交換比例。英國集中生產紡織品後，與葡萄牙交換葡萄酒的比例應該訂為多少才算合理？

假設英國、葡萄牙各自集中生產較擅長的產品，英國生產出30件紡織品，葡萄牙生產出30瓶葡萄酒。如果兩種產品的交換比例是1：1，表示英國可用15件紡織品交換到15瓶葡萄酒，這時英國可以消費15件紡織品與15瓶葡萄酒，葡萄牙也一樣可以消費15件紡織品與15瓶葡萄酒。

紡織品與葡萄酒的交換比例可以是1：1，也可以是1：1.5，也就是用1件紡織品交換1.5瓶葡萄酒。如果依照新的交換比例，10件紡織品可以交換15瓶葡萄酒，這時英國可以消費20件紡織品與30瓶葡萄酒，葡萄牙雖然可以消費10件紡織品，卻沒有剩下任何葡萄酒可以消費，表示英國獲得的利益較多。像這樣兩國獲得利益的程度不同，顯示商品的交換比例非常重要。

自由貿易理論主張一切事物都該由市場機制決定，實際上卻非如此。在決定兩國交換比例的過程會有國家力量介入，通常國力強的國家訂下的交換比例對自己比較有利。過去英國雖然打著自由貿易的旗幟，卻利用對自己有利的交換比例進行貿易，為國家賺來許多財富，成為世界頂尖強國。尤其在與殖民地國家貿易時，英國採用的交換比例讓殖民地國家遭受損失，因此被外界批評是助長不公平的貿易。

第二個問題與經濟發展的程度有關。在英國與葡萄牙的例子之中，生產紡織品講究多項技術，從剪羊毛、加工為絲線，到編織成紡織品，

第1章 匯率的誕生 029

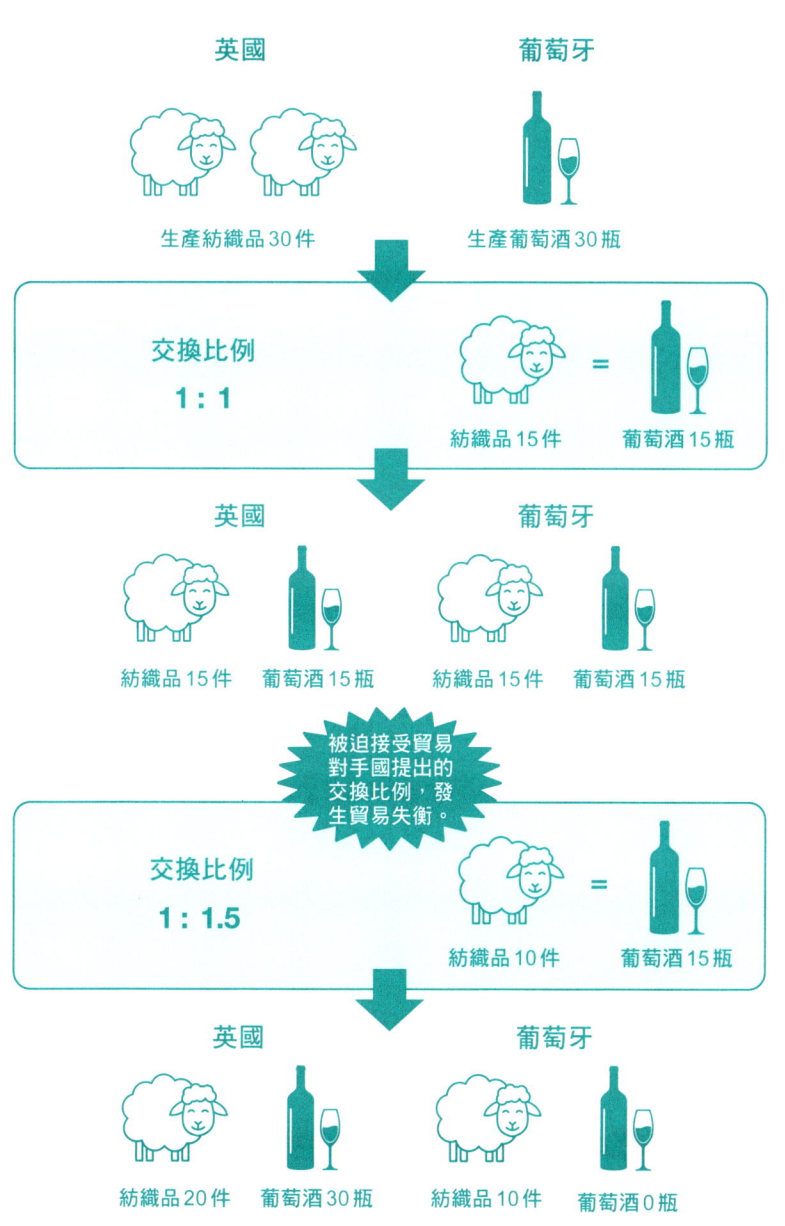

過程比釀造葡萄酒複雜。相對之下，葡萄酒的製造技術單純，只要有決心、毅力，隨時都能製造葡萄酒。如果英國專注於生產紡織品，葡萄牙專注於生產葡萄酒，對葡萄牙而言，很難有機會學習製造紡織品的生產技術。如果兩國的關係良好，維持紡織品跟葡萄酒的貿易當然不會有問題，但是國際關係世事難料，歷史上有太多昨天還是友邦，今天突然反目成仇的例子。萬一英國與葡萄牙的關係變差，最後暫停彼此的國際貿易，對英國而言，葡萄酒的需求還是可以自給自足，但是葡萄牙無法再消費紡織品。因此對葡萄牙而言，不能輕言放棄與英國的國際貿易，英國則可利用這一點對葡萄牙提出不合理的要求。簡單來說，葡萄牙最大的問題是沒有機會發展製造紡織品的技術。

德國經濟學家弗里德里希・李斯特（Friedrich List）就曾指出這項問題。李斯特認為，經濟發展到一定程度、技術也有進步的已開發國家，打著自由貿易的名號阻擋未開發國家技術進步。未開發國家若要保護本國的製造業，必須限制與先進國家的貿易，加強扶植本國產業，日後才能跟已開發國家站在平等的位置。若從這個角度來看，國與國之間就算進行自由貿易，國家也必須適時出面對貿易進行管制。根據李斯特的理論，不論英國製造的紡織品價錢有多便宜、品質有多優良，葡萄牙都只能進口一定的數量，葡萄牙業者才有機會學習紡織技術，生產紡織品供應國內需求消費，促進國家的經濟發展。德國就是接受李斯特等學者的論點，利用保護貿易達到技術進步的國家。

自古以來，兩國進行國際貿易一直都有國家的力量介入，國家對貿易的干預是分析匯率時很重要的線索。

國際貿易的三種觀點

● 亞當‧斯密的絕對利益論
如果英國擅長製造紡織品也擅長釀造葡萄酒,無須與葡萄牙進行貿易。

● 李嘉圖的相對利益論
英國較擅長製造紡織品,葡萄牙較擅長製造葡萄酒,兩國若各自發展較擅長的領域,並且進行貿易,兩國都能獲得更高利益。

● 李斯特的保護貿易論
英國若獨占紡織品與葡萄酒市場,葡萄牙將永遠無法學會紡織技術。起步較晚的國家必須保護本國的製造業,對國際貿易進行管制。

04 金本位制 → 美元本位制 → 市場本位制?!

　　早期的貿易型態是以物易物，國與國之間把要交換的物品帶往某處，交換到所需物品後再帶回，兩種物品的交換比例會影響兩國經濟。後來出現了黃金，曾經有一段時間，黃金是國際上的共同貨幣，也是從事貿易的標準。

　　很久以前黃金曾經是貿易的標準。古希臘歷史學家希羅多德（Herodotus）撰寫的《歷史》（*Histories*）一書，描述人類利用黃金進行貿易，是貿易的原始型態。西元前的迦太基（Carthage）以現在非洲突尼西亞一帶作為根據地，迦太基人曾與居住在利比亞附近的部落進行貿易。據說迦太基人會把貨物搬到船上，利用船隻航行到鄰近利比亞的海邊卸貨，人員回到船上等待，並且在附近生火製造煙霧信號。利比亞內陸的部落看到煙霧信號就會前來，看看迦太基人帶來什麼物品，留下相當於該物品價值的黃金之後離開。隔天迦太基人來到卸貨的地方，察看部落留下的黃金數量，如果認為黃金太少，就會再次回到船上等待。當部落的人再次前來，發現黃金與物品的數量都沒改變，就會再多放一些黃金

離開。這個過程反覆進行，直到迦太基人滿意部落留下的黃金數量，就會留下貨品帶著黃金離開。部落看到黃金已被取走，就知道現在可以取走貨品。

後人推測這種貿易型態曾經實際存在，歷史學家稱之為「沈默貿易」（silent trade）。沈默貿易雖然是西元前的貿易方式，卻具備應有的貿易原則。進行沈默貿易的雙方會協商價格，直到當事人對價格都滿意才達成交易，且貿易進行的方式也很和平，沒有發生暴力行為。後來黃金成為國與國之間從事貿易的重要媒介，在黃金作為各國共同貨幣的期間，不曾發生匯率問題。

英國與葡萄牙從很久以前就一直進行著紡織品與葡萄酒的貿易，黃金在當時扮演重要角色。假設1條圍巾在英國是用1公克的黃金交換，1瓶葡萄酒在葡萄牙也是用1公克的黃金交換。若兩國貿易是以1條圍巾交換1瓶葡萄酒，這樣不會有任何問題，或是英國人帶1公克黃金到葡萄牙買1瓶葡萄酒，葡萄牙人到英國用1公克黃金買1條圍巾也行。

但是這種貿易方式每次都得使用黃金，操作上不太方便，於是各國開始以黃金作為基準，發行自己的貨幣。假設英國以1噸黃金作為基準，發行10萬英鎊並使其流通，葡萄牙也以持有的1噸黃金作為基準，發行10萬埃斯庫多（escudo）流通，這時1公克黃金與1英鎊、1埃斯庫多的價值相同。英國人若在葡萄牙賣出1條圍巾，獲得1埃斯庫多，隨時都能用這筆錢購買1瓶葡萄酒，這和以前賣出1條圍巾得到1公克黃金沒有差別，對葡萄牙人也是一樣。如果大家都能確實遵守這項規則，兩國之間的貿易不會有任何問題。

但是隨著時間過去，要大家都遵守規則變難了。英國王室受到金錢誘惑，萌生發行更多鈔票的念頭。取得更多黃金不太容易，但是以黃金作為基準印鈔票就容易很多，後來只要英國王室需要用錢，就會印刷10萬英鎊發行流通。然而，市場上的貨幣數量如果加倍，貨幣價值就會減半，如同1英鎊的價值只剩下0.5公克黃金，這會發生什麼事？

英國人一如往常到葡萄牙賣出1條圍巾，獲得1埃斯庫多，用1埃斯庫多買了1瓶葡萄酒。葡萄牙人不知道英國的貨幣發行量增加，一樣用1埃斯庫多賣出1瓶葡萄酒，收到1英鎊，但是想拿這1英鎊買圍巾時，發現圍巾的價格已經上漲到2英鎊，等於葡萄牙人必須賣出2瓶葡萄酒，取得2英鎊才買得起1條英國的圍巾。葡萄牙可以要求將兩國之間的匯率從「1英鎊＝1埃斯庫多」改成「2英鎊＝1埃斯庫多」，如果英國接受，兩國貨幣的交換比例（匯率）就會改變，萬一英國拒絕，兩國就會發生糾紛。另一個方式是葡萄牙也增加發行貨幣，讓埃斯庫多的流通數量加倍，這樣一來，1瓶葡萄酒的價格變成2埃斯庫多，英國和葡萄牙的匯率維持不變，但是物價同幅上漲。只是這種情況如果反覆發生，以黃金作為基準發行貨幣，兩國貨幣維持固定交換比例的制度會逐漸失去效力。

為了取代金本位制度（gold standard system），美國曾經與黃金掛鉤（1盎司等於35美元），再以美元作為基準，實施讓美元與各國貨幣固定匯率的「美元本位制」。第二次世界大戰後，由四十四個國家共同建立的「布列敦森林體系」（Bretton Woods System），採用了這種匯率制度。但是美國發行太多美元，隨著時間經過，美元價格開始下跌。即便是國力強大的美國，也無法因應增加的美元需求產出相對應的黃金，最後只

能忽略黃金儲備，完全依照需求發行美元，引發美元價格會低於黃金的恐慌。世界各國開始拿著持有的美元要求美國兌換成黃金，但是美國儲備的黃金根本不夠，最後只能宣布「關閉黃金窗口」（closing the gold window），結束美元本位制度。

主要國家之間後來開始採行浮動匯率制度，將各國貨幣的交換比例交給市場機制決定。外匯市場的匯率受各國內部經濟環境與政策影響，匯率受影響後，又會影響各國的經濟指標，變成一種無限循環。包括韓國在內，現在世界上有許多國家都是這種情況。

05 沒有不被國家干預的外匯市場

　　假設有一家炸醬麵專賣店，營業時間是上午11點至晚上8點，每天大約可賣出100碗炸醬麵。如果一碗麵的價錢是5,000韓元，一天的營業額就會有50萬韓元，扣除人事費與必須繳給政府的稅金與規費30萬韓元，還能剩下大約20萬韓元利潤。某天老闆決定特價，一碗麵只賣4,500韓元，吸引了大批客人上門，原本一天只有100位客人，當天來了200位客人，營業額一下子增加到90萬韓元，扣除接待200位客人的營業成本大約50萬韓元，還能有40萬韓元利潤。麵店老闆比較喜歡哪一種情況？我認為大部分的老闆會選擇降價銷售，創造更高營業額與更高獲利。

　　大企業與國家經濟也是一樣。三星電子（Samsung Electronics）製造智慧型手機外銷美國，假設1支手機售價100萬韓元，出口1萬支手機到美國，美元兌韓元匯率是1美元兌換1,000韓元。三星電子在美國用1,000美元賣手機，取得1,000萬美元的營業額，將這筆錢帶回韓國相當於100億韓元，扣除各種成本大約50億韓元後，在韓國還能有50億韓元

利潤。

假設三星電子跟炸醬麵店一樣,在美國特價賣手機,價格為900美元,銷售量增加一倍,三星電子在美國的營業額就有1,800萬美元,這筆錢帶回韓國換成韓元是180億韓元。如果1萬支手機的生產成本是50億韓元,因為製造業的生產成本不會與產量維持精準的正比,2萬支手機的生產成本可大約假設為90億韓元,三星電子在韓國還能有90億韓元利潤。

由於在美國特價銷售能賺到更高的利潤,三星電子有可能把在韓國賣100萬韓元的智慧型手機拿到美國,以大約900美元的價格銷售,商人不會拒絕賺取更多利潤。但是三星電子利用降價搶攻美國手機市場,造成蘋果的iPhone手機銷售量減少。蘋果因而批評三星電子的價格策略,美國政府也認同蘋果的主張,反過來向韓國政府表示抗議。雖然三星電子降價能讓美國消費者買到便宜的手機,但是對美國政府而言,三星電子的價格策略讓蘋果獲利減少是更嚴重的問題。

降價策略,匯率的力量

在真實的國際貿易世界裡,用便宜售價賣東西比用昂貴價格銷售更容易產生問題。業者在國內維持正常價格銷售,但是在海外降價使產品賣出更多,這在國際貿易裡稱為「傾銷」(dumping),屬於被詬病的不公平貿易行為。「用便宜的價格賣東西竟然不行」,邏輯似乎很詭異,這個概念卻能引導大家學習國際貿易。

有趣的是，同樣的銷售行為，如果匯率發生變動，原本不公平的貿易有可能變成公平。舉例來說，假設三星電子賣手機的時候，匯率從1美元兌換1,000韓元上升到1美元兌換1,100韓元。這時在韓國售價為100萬韓元的三星手機，用匯率換算之後，在美國的適當價格變成909美元，就算三星電子取整數將手機的美國售價訂為900美元，也不會有任何問題，不算是傾銷。因為採用新匯率（1美元＝1,100韓元）計算時，韓國售價與美國售價非常接近。

假設三星電子在美國將手機售價降為900美元，可以讓銷售量增加為2萬支，在美國得到1,800萬美元的營業額。三星電子把1,800萬美元帶回韓國可兌換到198億韓元，扣除成本90億韓元，還賺到108億韓元的利潤。對三星電子而言，在匯率是1美元兌換1,000韓元的時候，將美國的手機價格訂為900美元可以賺到90億韓元，當匯率上升到1美元兌換1,100韓元的時候，在美國同樣以900美元銷售手機，利潤卻有108億韓元，反而比匯率不變、但是降價促銷，還多賺18億韓元，也不會被批評是傾銷、違反公平貿易原則。換句話說，就算只有匯率上升，也能為出口業者營造非常有利的貿易環境。

隨著資本主義不斷發展，站在已開發國家的立場，一國藉由出口賺取外匯非常重要，韓國也不例外，必須有美元，才能從國外進口石油等原物料及機械零件。此外，賺取外匯的方式實際上只能靠出口，因此韓國政府在經濟發展初期，曾經使用不同手段獎勵出口，只為了賺進美元。1970年代韓國政府對出口多的企業頒發獎牌、提供補助支援，實施過很多獎勵措施，也曾因為降低外銷產品的售價使出口數量增加，在

國際間被冠上傾銷的惡名。政府干預外匯市場，人為使匯率上升、刺激出口，也是一種賺取美元的方式。企業無法參與外匯市場，所以由國家出面操縱匯率，對出口業者提供協助。匯率與國家的經濟政策是無法分離、輕易割捨的密切關係。

匯率也會影響進口。

假設有一家名叫「US超市」的韓國公司，專門從事美國牛肉進口與銷售。US超市以1公斤10美元的價格，每年從美國進口1萬公斤的美國牛肉到韓國，再以1公斤1萬韓元銷售，總進口金額為1億韓元。如果匯率上升到1美元兌換1,100美元，美國牛肉的進口價格會跟著上漲為1公

美元兌韓元匯率與韓國的貿易收支

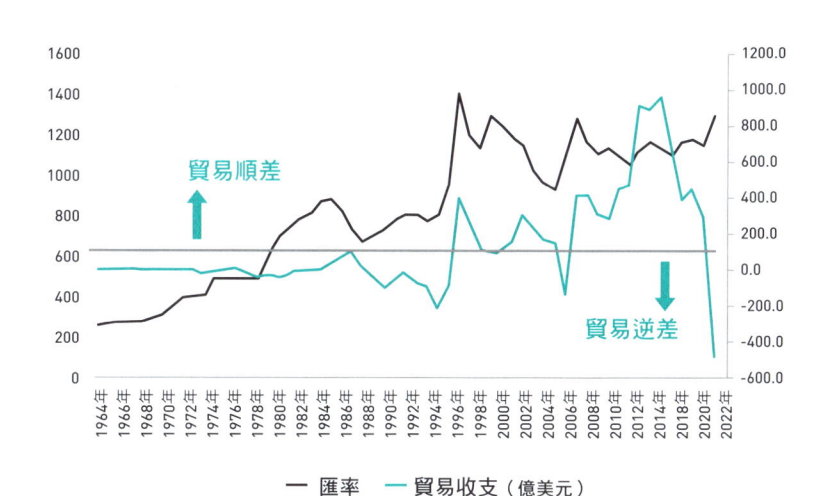

斤1萬1,000韓元，韓國消費者必須比以前多支付10%的價格購買。假如進口價格上漲，造成韓國對美國牛肉的需求減少為5,000公斤，US超市進口美國牛肉的成本也會減少為5萬美元，換算成韓元是5,500萬韓元。美國牛肉的進口量減少，負責進口與銷售的US超市營業額與獲利減少。當美元兌韓元匯率變成1美元兌換1,100韓元的時候，智慧型手機的出口增加，牛肉的進口減少，會讓韓國的貿易收支有順差。換句話說，匯率上升可讓從事出口貿易的業者獲利，從事進口貿易的業者與購買美國牛肉的消費者則會有損失。

　　匯率變動讓有些人得利，有些人損失，形成強烈對比。國家決定匯率政策的立場也會讓有些人得利，有些人損失，所以匯率跟政治有關。基於這個緣故，國家必須密切注意匯率波動，審慎決定政策方向。

06 入侵生活的匯率，被匯率入侵的生活

　　在資本主義市場經濟裡，所有商品都以貨幣的價格計價，名目（nominal）價格、考慮物價上漲（通貨膨脹）及貨幣購買力的實質（real）價格概念因此登場。匯率也有名目與實質的概念。假設1美元可兌換1,000韓元，匯率就是1,000韓元／美元，是以貨幣單位報價的名目匯率。外匯市場決定的匯率、生活周遭常見的匯率，都是名目匯率（nominal exchange rate）。

決定物品價值的名目匯率與實質匯率

　　實質匯率（real exchange rate）是商品交換的實際比例。以韓國與美國為例，實質匯率表示一單位韓國商品相當於幾單位的美國商品，最有名的例子是比較麥當勞大麥克漢堡的價格。假設大麥克在美國的售價是5美元，在韓國是5,000韓元，匯率是1美元兌換1,000韓元。若將美國大麥克的價值以韓元計算，經匯率換算後是5,000韓元。由於消費者在韓國

也是用5,000韓元購買大麥克,這時1個韓國大麥克跟1個美國大麥克比較的實質價值相同,實質匯率是1。

假設韓國的物價上漲,大麥克的價格變成6,000韓元,名目匯率維持1,000韓元／美元不變。如果以韓元計算美國大麥克的價格,匯率換算後是5,000韓元,但是在韓國購買大麥克需要6,000韓元,實質匯率就是6,000÷5,000得到1.2,表示1個韓國大麥克的實質價值與1.2個美國大麥克相同,韓國的大麥克比美國貴。如果只比較大麥克,在美國麥當勞買大麥克會比較省錢。

假如韓國大麥克的價格是5,000韓元,名目匯率上升到1,200韓元／美元,以韓元計價的美國大麥克會變成6,000韓元,這時比較美國與韓國大麥克相對價值的實質匯率是5000÷6000得到0.83,表示用購買1個韓國大麥克的價錢只能買到0.83個美國大麥克。換句話說,同樣都是麥當勞的大麥克,以同樣的韓元價格在美國吃不到一個完整的漢堡,韓國的大麥克比美國便宜。當韓國的物價相對低於美國,或者名目匯率上升,實質匯率就會下降。

剛才只以大麥克為例,實際上韓國與美國有許多物品、服務有交流。某些進口項目雖然消費量很少,但是對某些人很必要,還是必須進口,某些進口項目是韓國也能自己生產,所以只進口少量。考慮各種物品的消費量、重要性加權計算之後,得到的數值就是一國的物價指數。名目匯率由外匯市場決定,考慮兩國相對物價指數變化計算出的匯率是實質匯率。

假設外匯市場上美元兌韓元匯率是1美元兌換1,000韓元,兩國的

物價指數一樣都是100，兩國的實質匯率是1。當韓國的物價指數上升到200，美國物品的美元價值雖然不變，韓國物品的美元價值會變成兩倍，實質匯率變成2，如同1個1美元的美國物品只等於0.5個韓國物品，也就是1個韓國物品的價值能抵2個美國物品。相反的，若韓國的物價指數下降為50，實質匯率會下降為0.5。

如果物價沒變，實質匯率就是受名目匯率影響。假設物價不變、韓國與美國之間的名目匯率上升時，因為1單位韓國物品可交換的美國物品數量減少，實質匯率下降。實質匯率低表示本國的物品比海外便宜，海外市場會因此增加對本國物品的需求，帶動本國出口成長。相反的，實質匯率上升表示本國的物品價格比海外貴，會成為本國出口衰退的原因。

展現出口競爭力的實質有效匯率

除了美國之外，韓國還與兩百多個國家有國際貿易。有鑑於與韓國貿易的國家眾多，因此利用有效匯率（effective exchange rate）評估韓元價格在世界貿易舞台上的變化。計算有效匯率是以特定年度作為基期，將多個貿易對手國的貿易比重加權計算。由於有效匯率也是展現韓元價值變動的指數，因此以韓元作為計算基準，指數上升代表韓元升值，指數下降代表韓元貶值。如果以代表每單位外國貨幣可交換多少韓元的名目匯率表示韓元價值，匯率上升代表韓元貶值，匯率下降代表韓元升值。

實質有效匯率（real effective exchange rate）是結合實質匯率與有效匯

韓元的實質有效匯率指數

[圖表：韓元實質有效匯率指數，1994.01 至 2023.05，以 2020 年為基期]

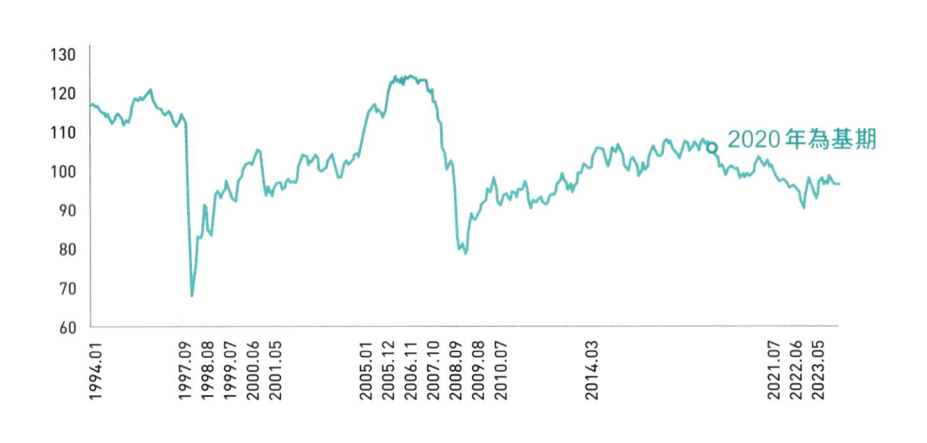

資料來源：國際清算銀行、韓國銀行

率概念的指標。利用兩國名目匯率與相對物價指數可計算出實質匯率，把貿易對手國的貿易比重加權計算可得到有效匯率。將考慮物價的實質匯率變化與貿易比重加權計算，即可得到實質有效匯率。

實質有效匯率可展現一國出口競爭力的變化，跟實質匯率一樣，若實質有效匯率下降，韓國的商品價格會相對便宜，代表對外出口競爭力增強。若以 2020 年為基期，2020 年韓國的實質有效匯率是 100，1990 年代末期與 2006 年韓國的實質有效匯率曾經上升到 120，2024 年 5 月下降到 95 左右。

名目匯率、實質匯率、物價指數、貿易比重等內容看似複雜，卻有一個共通的重要概念。匯率除了與國家政策密不可分，與大家的日常

生活也非常密切。實質有效匯率反映世界各國的物價及各國與本國的貿易關係，一旦實質有效匯率下降，就算個人任職的出口貿易公司銷售暢旺，只要個人有留學或旅遊的外幣需求，還是很有壓力。但是如果改變立場，相同的匯率可能帶來完全不同的感受，這就是為何大家應該用寬廣的視野學習匯率。

07 別以為能管控匯率

　　從主要國際機構的會員國數目可大概估算全世界有幾個國家。聯合國（UN, United Nations）的正式會員國有193國，梵諦岡與巴勒斯坦是觀察員國，總共有195個國家與聯合國有關。國際奧林匹克委員會（IOC, International Olympic Committee）的會員國更多，共有206國，國際足球總會（FIFA, International Federation of Association Football）也有211個國家加入。根據韓國外交部公布的資料，全世界有228個國家。

　　在經濟與金融方面，世界銀行（World Bank）的會員國有187個、國際貨幣基金（IMF, International Monetary Fund）的會員國有194個，這些可視為被納入全球經濟板塊的國家。雖然全世界有超過兩百個國家，從各國的統計數據不難發現，各國的經濟規模都不相同。以國際貨幣基金公布的資料為例，2021年全世界194個國家的國內生產毛額（GDP, gross domestic product）總共為96兆4,855億美元，其中美國的GDP就高達21兆3,151億美元，約占全球24.2%；中國的GDP是17兆7,593億美元，占全球18.4%，之後依序是日本、德國、印度。GDP排名前十的國家合計約占全球67.9%，排名前二十的國家占全球81%。韓國的GDP是1兆

8,184億美元，2021年雖然排名全球第十一，規模卻不到美國的十分之一。美國是全球經濟規模最大的國家，跟全球經濟規模最小的吐瓦魯相比，美國的GDP大約是吐瓦魯的38萬8,500倍。儘管所有國家都是主權國家，但從經濟規模來看，各國的「大小」並不相同。

國家的經濟規模與外匯市場

經濟規模的差異會表現在各國貨幣。2022年4月國際清算銀行（BIS, Bank for International Settlements）公布的資料顯示，全球外匯市場的日平均交易金額為7兆5,000億美元；依照外匯商品種類統計，換匯交易占50.7%最多。換匯交易（FX Swap, foreign exchange swap）是買賣雙方在一定條件下約定好進行貨幣交換，把現在的貨幣與未來的貨幣進行交換也屬於換匯交易。即期外匯（spot exchange）的交易量次於換匯交易，就是以當下匯率立即進行的各國貨幣交易，占28.1%。至於約好在未來特定時間進行貨幣交換的遠期外匯（forward exchange）占15.5%。

各種貨幣的交易金額也有天壤之別。美元的交易比率高達88.5%，已非常接近90%，歐元以30.5%排名第二，之後依序是日圓16.7%、英鎊12.9%、人民幣7%等。外匯交易是兩種貨幣的交易，所以整體交易量是兩種貨幣相加，總和為200%。韓元的交易比率是1.9%，排名第十二，美元的交易量幾乎是韓元的46.6倍。在外匯市場上，交易比例偏重於特定國家、特定貨幣的現象比商品市場嚴重。

國際外匯市場各種貨幣的交易量比較

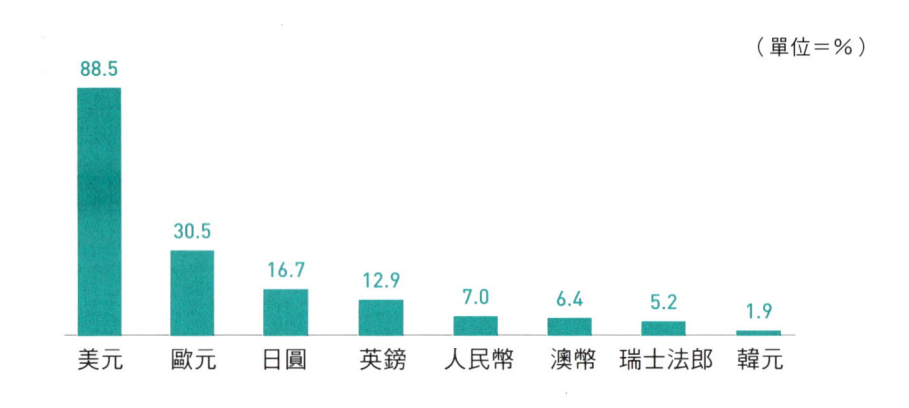

（單位＝%）

貨幣	比率
美元	88.5
歐元	30.5
日圓	16.7
英鎊	12.9
人民幣	7.0
澳幣	6.4
瑞士法郎	5.2
韓元	1.9

資料來源：國際清算銀行

　　因為外匯市場的交易偏重於特定國家、特定貨幣，全球外匯市場的交易量可決定一國貨幣的影響力，美元的影響力就非常強大，其次是歐元、日圓、英鎊、人民幣。至於排名在十名外的其他貨幣，由於交易比重大都是1%或更少，計較名次沒有太大意義。如果用比較誇張的方式描述，對排名在十名外的國家而言，假如美元突然從該國抽離，該國隨時可能發生經濟危機。

　　一個國家若擁有交易規模大的貨幣，就算該國的外匯市場受到衝擊，也不太會影響該國經濟。以美國為例，如果美國外匯市場突然有數十億美元對外流出，市場也不至於受顯著影響，因為美元是全世界交易量最大的貨幣，大量美元流出的影響很容易被其他交易抵消。但是如果

在韓國外匯市場突然有數十億、數百億美元流入或流出，市場就會受到非常大的衝擊，導致韓元價值驟變、匯率劇烈波動。如此一來，從事進出口貿易的業者難以預估價格競爭力，總體經濟的不確定性提高，企業減少投資，民眾減少消費。如果美元大量從韓國外匯市場流出，外資可能會大量拋售手中持股，造成韓國股價下跌，金融市場也會動盪不安。

固定匯率制 vs. 浮動匯率制

外匯市場對國家經濟非常重要，所以各國政府多少都會有相關制度干預市場。制度雖然有很多種，但是目的只有一個，就是由政府出面確保外匯市場穩定，將匯率波動對國家經濟、金融市場的影響減到最低。外匯規模愈小的國家，外匯市場對國家經濟造成的影響愈大，該國干預外匯市場的力道就愈強。

國際貨幣基金將各國採行的外匯制度進行分類，從沒有自己發行貨幣的國家到完全將貨幣交給市場決定的國家都有，因此有很多種匯率制度，範圍很廣。大致上是從固定匯率制（fixed exchange rate system）到自由浮動匯率制（free floating）。完全固定匯率制是最僵硬的制度，自由浮動匯率制是對市場最友善的制度，區別標準是政府面對匯率變動進行市場干預的力道。各國會依照本身所在的經濟環境，實施適合的匯率制度。

第一種是沒有自己發行貨幣的國家。厄瓜多、薩爾瓦多、帛琉等國以美元當作本國貨幣，科索沃、蒙特內哥羅以歐元當作本國貨幣。這類國家沒有匯率的概念，也無法利用匯率實施有利於本國商品經濟與金融

市場的政策，對美國與歐洲的貨幣政策結果只能照單全收。因此，這類國家「沒有貨幣主權」。

　　第二種是將本國貨幣與特定國家的貨幣匯率固定，是最強大的固定匯率制，利用通貨發行局（currency board）調節貨幣量，使匯率固定，也稱為聯繫匯率制度。能作為固定匯率標準的貨幣主要是美元與歐元，香港、多明尼加共和國與美元聯繫，波士尼亞、赫塞哥維納、保加利亞與歐元聯繫。固定匯率制的匯率維持固定，不會有任何匯率波動的風險是最大優點，缺點則是不能實施使匯率固定以外的貨幣政策。舉例來說，假設韓國把匯率固定為1美元兌換1,000韓元。只要韓國外匯市場上的美元數量增加，美元價格就會下跌，韓元價格上漲，主管機關為了維持匯率固定，這時就必須不停地買入美元，增加美元需求，才能讓1美元的價格維持在1,000韓元。因此，採行固定匯率制的國家為了維持匯率穩定，如同放棄了物價穩定。

　　固定匯率制的其他型態是釘住匯率制（peg system）與一籃子貨幣制（currency basket）。這兩種制度是將本國貨幣釘住某一種國際貨幣或多國貨幣的平均價格，允許一定程度的匯率波動。阿曼、卡達、沙烏地阿拉伯等產油國家釘住美元價格，喀麥隆、中非共和國釘住歐元。斐濟、利比亞將本國貨幣價值與一籃子貨幣連動，允許匯率在基準匯率±1%波動。相較於聯繫匯率制度，一籃子貨幣制度可接受匯率小幅波動，維持匯率固定的壓力較小，為採行本國貨幣政策保留了些許空間。也有一些採取一籃子貨幣制的國家允許貨幣價值波動高於1%。

爬行釘住匯率制（crawling peg）是與根據釘住匯率的國家與本國經濟情況定期調整匯率，通貨膨脹目標等經濟變數常作為調整匯率的主要指標。宏都拉斯、尼加拉瓜、波札那採行這項匯率制度，有時匯率的基準點會定期改變，允許匯率有1%左右的浮動。

浮動匯率制（floating with no predetermined path for exchange rate system）原則上不會事先設定匯率的基準點，也不會預設匯率浮動範圍，匯率該是多少，由外匯市場上的供給與需求決定。但是當一國面對國際收支失衡或必須對外匯存底（foreign exchange reserve）、外匯市場發展採取必要措施時，政府可以介入干預。政府雖然不會預設目標去介入市場，但是若認為匯率浮動的速度太快、市場遭遇投機分子攻擊，就會直接或間接地干預市場。

依照政府干預市場的程度，浮動匯率制度還有一般浮動匯率制和自由浮動匯率制之分。雖然沒有明確的區分標準，自由浮動匯率制是政府對市場的干預與相關內容會透明公開，一般浮動匯率制就沒有那麼公開透明。以韓國為例，政府每三個月就會公布一次干預外匯市場的淨買賣數量。為了確保外匯市場維持穩定，假如韓國政府在這段期間曾賣出10億美元，買入20億美元，公布的資料只會顯示「淨買入10億美元」，不會詳細告知每一次如何操作，因此國際貨幣基金將韓國歸類在實施浮動匯率制的國家。依照2022年國際貨幣基金的標準，採取浮動匯率制的國家有韓國、印度、菲律賓、秘魯、土耳其、泰國等；美國、澳洲、日

本、墨西哥、俄羅斯、智利、加拿大等國則歸類在自由浮動匯率制[6]。

採行自由浮動匯率制的國家，匯率交由外匯市場決定，因此政府在實施財政、貨幣等總體經濟政策時，不會受匯率所限制。不過愈是經濟規模小、外匯市場淺碟的國家，外匯市場的變動對政策效果會有較大影響。因此，外匯市場的匯率制度與政府的市場干預可看成不同層面的兩件事，然而外匯市場與政府的外匯政策之間，實際上存在不少微妙的問題。

韓國匯率制度快速變遷

韓國在光復之後的1945年至1964年實施固定匯率制度，但這段期間的匯率不是一直固定在同一個水準。因為當時韓國的外匯不足，物價也不斷上升，無法使匯率維持固定，先後有過十幾次匯率調整。1964年至1980年實施單一浮動匯率制，由韓國政府集中管理國內全部外匯，依照外匯市場的情況隨時決定並公告匯率。

1980年至1990年韓國採用固定匯率制的一籃子貨幣制度，1990年至1997年採用市場平均匯率制。市場平均匯率制是以韓國的外匯指定銀行（designated foreign exchange banks）交易量與匯率進行加權計算來決定匯率，實施初期每日匯率波動限制在0.4%，1990年代後期放寬到10%。

---

[6] 譯註：因台灣尚未加入國際貨幣基金，因此未在匯率制度的分類之中。依照中央銀行2019年5月新台幣匯率政策說明，目前採用管理浮動匯率制度，即有官方干預的浮動匯率。

1997年發生亞洲金融風暴，韓國接受國際貨幣基金的建議改採浮動匯率制，一直實施至今，並且取消每日的匯率波動範圍限制，將匯率交由外匯市場的供需決定，但是基於確保市場安定，韓國政府還是會以不同的方式干預市場。每當韓國政府實施財政政策或貨幣政策時，匯率就是一項非常重要的變數。

韓國的匯率制度沿革

期間	制度	內容
1945～1964	固定匯率制	由政府固定匯率
1964～1980	單一浮動匯率制	由政府集中管理外匯，依照外匯市場供需公告匯率
1980～1990	一籃子貨幣制	考慮與主要國家的貿易量等因素決定匯率
1990～1997	市場平均匯率制	以外匯指定銀行交易量加權計算決定匯率，限制每日匯率波動範圍
1997～至今	浮動匯率制	廢止每日匯率波動範圍限制

第 2 章

決定匯率的地方——外匯市場

08 外匯市場的三項特性：集體性、相對性與模糊性

　　我們從經濟生活中累積許多市場經驗。採買食品到超市或傳統市場，買衣服到百貨公司或暢貨中心，有時候也會買大型家具，想搬家的時候會委託房屋仲介經紀人找房屋。不管要買什麼物品，都必須在該物品存在的市場交易，其價格由該市場決定。除非有特殊理由，否則一個市場裡的供需會決定該市場的商品價格，不同市場也會各自、連鎖地相互影響。

　　外匯市場也是眾多市場的其中之一，專門進行國家的貨幣交易，而且具有三項與其他市場明顯不同的特性，分別是集體性、相對性與模糊性。匯率跟其他經濟變數一樣，理論與現實有差距，如同本書一開始提到的田禹治，如果真有人能瞬間移動，外匯市場絕對能運作得非常順利。只是現實中不存在這種人，外匯市場的實際運作也比理論更有起伏變化。

　　首先是匯率的集體性。國家是構成匯率市場的單位，也是代表一國民眾的集合體，民眾使用國家發行的貨幣，匯率是一國所有經濟活動集

合而成的變數。以韓元為例，韓元匯率綜合反映韓國的經濟情況，韓國是外匯市場上的一個單位。雖然匯率變化會讓韓國有些經濟主體獲利、有些經濟主體損失，不過這是韓國的國內情況，不屬於外匯市場考慮的對象，韓國只是一個使用韓元的集體。

第二是匯率的相對性。一國匯率會受其他國家的經濟行為影響，就算韓國的經濟非常穩定，也還是會因為美國的國內變化造成美元兌韓元匯率改變。假設美國發生大地震，可能造成美國對韓國出口的物資需求增加；假如對韓國感興趣的美國人增加，到韓國旅遊的美國人可能變多。諸如此類，如果跟韓國有貨幣交易的國家發生變化，這個變化會影響匯率，韓國民眾可能因此受影響。

匯率的三項特性

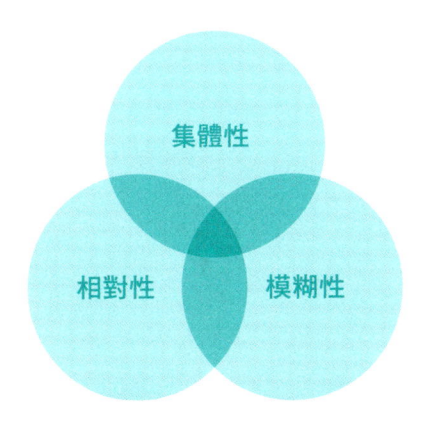

集體性

相對性　模糊性

第三是匯率的模糊性。個別主體的許多行動聚集在一起，產生一個被稱為匯率的數值。每家公司與每位消費者的行動都會影響匯率，但各個主體也會依照既定的匯率行動，表示各個主體無法精確得知自己如何影響匯率。就算一大早美元兌韓元匯率就不斷以100韓元為單位快速下降，大家也很難精準判斷到底是何種原因造成，只能接受這個事實，依照眼前的情況做出回應。此外，一國的景氣、物價、股價、利率等總體經濟變數都會影響匯率，有時候也會是匯率率先改變，景氣、物價、股價、利率才跟著變的反向因果關係。如果從這個角度來看，匯率是相對的，也是矛盾的。

雖然匯率看起來讓人摸不著頭緒，如果仔細觀察生活中的每件事，還是可以看懂匯率的變化。平時多留意集體性、相對性與模糊性對生活的影響，應該不難體會匯率的重要性。

比方說，2024年春天「蘋果價格飆漲事件」在韓國喧騰一時。筆者曾經在市場買蘋果，因為價錢至少是以往的兩倍，不禁向老闆詢問原因。聽到老闆回答有颱風、天然災害、農作物生長情況、氣候變遷等，筆者也不由自主地表示認同。由於蘋果價格上漲，可以預料許多添加蘋果的食品價格也會跟著上漲。但是蘋果價格飆漲的影響層面不止於此，也對其他東西的物價造成影響。因為經濟活動像一張龐大的蜘蛛網，環環相扣錯綜複雜，只是無法從肉眼看見。

最容易聯想到受蘋果價格影響的應該是水梨。由於水梨栽種沒發生特別的問題，假設水梨價格與以往相近。因為蘋果價格上漲超過一倍，有一些原本想買蘋果的人改買水梨，使市場上的水梨需求增加，造成水

梨價格上漲，只是水梨價格的漲幅沒有蘋果高。有些人不買蘋果改買橘子，同樣造成橘子價格上漲。類似的情況接二連三，最後造成所有水果的價格統統上漲。接下來的說法或許比較牽強，說不定有人因為蘋果價格上漲，認為吃肉類比吃水果划算，只要有這種想法的人增加，肉類價格也會上漲。另一方面，由於蘋果價格上漲，栽種蘋果的農民所得增加，賺大錢之後想買房子，於是也略微影響房價。換句話說，市場上的每件事情看起來雖然都是個別獨立，彼此之間卻又相互連結。如果沒有特殊原因，每個市場內的需求與供給會決定該市場的均衡價格，但是每個市場卻會既獨立又連鎖地相互影響。

集體性：聚集許多個體的集體

一個國家有許多個人與企業，這裡為了簡化，假設只有一位某甲與一間A公司。有一天某甲突然想去美國旅遊，計算旅費之後，預估大約需要1,000美元。某甲前往經常往來的銀行打算換錢，看到匯率是1美元兌換1,000韓元，某甲心裡有底，知道大概要給銀行100萬韓元，才能兌換到需要的1,000美元。

A公司打算在美國銷售自家生產的手機，剛好也有在美國的客戶表示想用2,000美元購買手機。A公司預估，如果在美國賣手機賺到2,000美元，依照目前的匯率兌換成韓元，大約可獲得200萬韓元。於是A公司通知經常往來的銀行，準備進行這筆交易。

某甲與A公司經常往來的銀行都是旺來銀行，旺來銀行對美元需求

（某甲的1,000美元）與供給（A公司的2,000美元）做初步計算，預估最後還能剩下1,000美元，於是依照這個預估到外匯市場用美元交換韓元。然而，外匯市場上美元的供給大於需求，美元價格正在下跌。因為外匯市場上有過多美元，旺來銀行認為不必急著交換某甲需要的美元，決定不疾不徐的進場。雖然剛才必須支付1,000韓元才能交換到1美元，現在已經變成只要支付900韓元就能取得1美元，新的美元兌韓元匯率為900韓元／美元。

相對性：條件相同但彼此的利益不同

新匯率再次對個人與企業發生影響。準備去國外旅行的某甲來到旺來銀行，發現匯率變成1美元兌換900韓元，原以為要準備100萬韓元才能兌換到1,000美元，現在卻只需要90萬韓元。換句話說，某甲的旅遊計畫沒有任何改變，也沒有特別花費心力，卻像賺到了10萬韓元。至於想要用2,000美元賣出手機的A公司，原本的匯率（1美元＝1,000韓元）能讓A公司有200萬韓元收入，現在因為匯率下降（1美元＝900韓元），A公司只能獲得180萬韓元。明明沒發生任何事情，A公司也沒改變手機售價，能獲得的收入卻從200萬韓元減少為180萬韓元。對A公司而言，雖然像是飛來橫禍，企業經營也只能概括承受。

如果外匯市場也像一國之中賣蘋果、賣水梨的市場，可以依照不同商品各自獨立，這會有什麼結果？先看旅遊愛好者聚集的外匯市場。假如跟某甲一樣想去美國旅遊的人增加，市場上對美元的需求就會增加，

這個市場的美元價格就會上漲。原本取得1美元必須支付1,000韓元，現在變成必須支付1,100韓元才能取得1美元。因此某甲必須支付110萬韓元才能取得1,000美元。

在只交易手機的外匯市場也會發生不同的結果。這個市場上因為有人買手機，增加2,000美元的美元供給。美元供給增加造成美元價格下跌，原本匯率是1美元兌換1,000韓元，下降到1美元兌換800韓元，美元價格下跌如同韓元價格上漲。A公司原本預估賣出2,000美元的手機可得到200萬韓元收入，現在因為匯率變動，同樣賣出2,000美元的手機，收入卻剩下160萬韓元。換句話說，如果依照不同的商品存在不同的外匯市場，某甲跟A公司都會因為匯率變動而蒙受損失。不過真正的外匯市場是將某甲與A公司的供給和需求加總在一起進行交易，並且產生新的匯率，結果才會造成某甲因此獲利。A公司在假設的獨立外匯市場只獲得160萬韓元的營業額，損失40萬韓元，而回到實際的外匯市場上，營業額還有180萬韓元，只損失20萬韓元，雖然有損失，實際損失的金額較少。匯率變化在兩國之間、一國之內，都會對許多人產生相對的影響。

模糊性：雖然懷疑卻苦無證據

請大家回到現實世界。假設A公司要從韓國出口稻米到美國。從韓國運輸稻米到美國會產生許多成本，假如A公司決定利用海運，立刻就會有一筆貨物裝船的費用。貨輪抵達美國之前，有一部分稻米可能已經

在貨櫃裡腐壞，即使無法銷售也是成本。貨輪終於抵達美國，通關時必須繳納邊境稅，也就是關稅，這也是一筆成本。如果考慮每項成本，在韓國10公斤賣10萬韓元的稻米，A公司在美國同樣用10萬韓元銷售肯定會虧損。基於韓國稻米的銷售價格與出口衍生的各種成本，A公司出口10公斤韓國稻米到美國，至少要賣12萬韓元才有意義。如果在美國以韓元計價，用12萬韓元銷售也有人願意購買，這筆交易就會成立。假如必須考慮匯率，假設美元兌韓元匯率是1美元兌換1,000韓元，在韓國的稻米價格是10萬萬韓元，A公司在美國定價為120美元，賣出得到的120美元兌換成韓元就是12萬韓元。

另一種情況，假如韓國生產的稻米在美國很受歡迎，需求增加，讓韓國稻米的美國價格上漲為130美元。對從事韓國稻米出口的A公司而言，扣除各種產銷成本還可以多賺10美元，這筆錢帶回韓國兌換成韓元，就會產生10,000韓元的超額利潤（excess profits）。如果A公司在美國售出的韓國稻米數量增加，就能帶回更多美元。在美元與韓元交換的貨幣市場上，美元供給增加會造成美元價格下跌，韓元價格上漲。

稻米的價格會有變化，從韓國運輸到美國的物流成本也可能發生變化。假設美國對韓國稻米課徵的關稅降低或海運費用減少，讓A公司從韓國運輸稻米到美國的成本減少10美元。這時A公司有可能主動降低美國的稻米售價。只要韓國稻米在美國賣110美元，A公司還是能獲得跟先前差不多的利潤，A公司就可能在美國降價銷售。如果因為A公司降價在美國賣出更多韓國稻米，美元的供給增加會造成美元價格下跌，韓元價格上漲。

還有一種可能，假如交易成本維持不變，出口韓國稻米至美國的業者競爭變激烈，美國的韓國米售價有可能下跌到110美元。這時相對變便宜的韓國稻米需求增加，韓國的稻米出口增加，讓流入韓國的美元增加，於是匯率下降、韓元升值。

目前為止只以單一商品（稻米）解釋匯率變動的影響，實際上韓國與美國之間有汽車、半導體、牛肉等非常多的商品交易，貿易過程也會發生各種狀況，兩國的商品價格無時無刻不在改變，每一次的出口量也都會重新調整。由韓國業者用幾百種、幾千種商品交換來的美元，在外匯市場上與韓元進行交易。因為這些美元的數量時時刻刻都在改變，以至於匯率也不停波動。在韓元與美元交易的外匯市場上，匯率是韓國與美國之間所有進出口貿易的統計結果，變動過程相當複雜，匯率的數值也有模糊性。

因為匯率具有集體性、相對性與模糊性，國際之間與匯率有關的爭議不曾停歇，匯率操縱國（currency manipulator）問題就是一個代表性的例子。國際上嚴禁各國以人為方式干預匯率，使匯率對本國比較有利，但是世界上很難找到完全不干預外匯市場的國家。更精確的說法是各國都會干預外匯市場，盡量使匯率穩定，只是礙於匯率的集體性、相對性與模糊性，很難判斷國家是否介入市場、操縱匯率。換句話說，國家通常是不動聲色的干預匯率，讓人「雖然懷疑，卻很難掌握證據」，這就是外匯市場的特性。

09 物價與匯率的雙向關係

　　物價、景氣等總體經濟指標與匯率的關係是雙面的，有時候是一國的經濟指標有變化後，匯率才發生變化，有時候是匯率發生變化之後，經濟指標才有變化。必須精準掌握每種狀況的因果關係，才能有適當的應對。

　　先假設匯率沒有任何變化，但是韓國的物價上漲為兩倍。物價之所以會上漲，可能是發生天災、技術進步等因素，如果政府實施貨幣政策釋放更多貨幣，也有可能造成物價上漲。當匯率維持不變，但國內物價上漲時，會讓貿易公司從事出口貿易的獲利減少。舉例來說，假設匯率是1美元兌換1,000韓元，汽車售價在韓國是1,000萬韓元，在美國是10,000美元。A公司依此條件出口現代汽車（Hyundai Motor）的轎車，在美國每賣出1輛汽車就能有10,000美元收入。但是韓國發生物價上漲，1輛車的售價變為1,500萬韓元，表示A公司在韓國賣出1輛車就能有1,500萬韓元收入，在美國賣出只能獲得1,000萬韓元。這時A公司會傾向減少對美國出口，在韓國增加銷售。這麼一來，韓國的出口減少，流入韓國的美元也跟著減少。對韓國消費者而言，因為國產車的價格上漲，會傾向購買進口車，使流到海外的美元增加。結果韓國對外出口減

少、進口增加，美元流入減少、美元價格上漲、韓元價格下跌，最後造成匯率上升。

接下來看匯率變化如何影響物價。假設韓國國內的經濟情況沒有特別改變，但是匯率發生變化。匯率變化的原因可能是貿易對手國的經濟環境改變，也可能是外匯市場的相對性問題導致。

延續出口汽車的例子，當匯率上升到1美元兌換1,500韓元，現代汽車的車子在美國售價10,000美元，A公司賣出1輛車，把收到的美元帶回韓國，就能換得1,500萬韓元。這會讓A公司傾向出口更多汽車到美國銷售，減少在韓國的供給量，韓國的供給量減少造成韓國的汽車價格上漲。此時因為匯率上升，進口車在韓國的售價提高。假設匯率在1美元兌換1,000韓元時，美國福特汽車（Ford Motor）的轎車在韓國售價是1,000萬韓元，因匯率上升到1,500韓元，該車款的韓國售價上漲到1,500

物價與匯率的關係

國內物價上漲 ▶ 出口減少進口增加 ▶ 外匯供給減少 ▶ 本國貨幣貶值匯率上升

匯率上升 ▶ 進口品價格上漲 ▶ 出口擴大國內供給減少 ▶ 國內物價上漲

萬韓元。換句話說，匯率上升會造成國內物價上漲。

　　這裡可以得到一個結論，國內物價上漲會造成匯率上升（本國貨幣貶值），匯率上升會再次引起國內物價上漲。物價影響匯率，匯率影響物價，兩者相互影響，何者的影響力較大必須視情況而定。通常在經濟規模較大的國家，例如美國，美國國內的經濟環境會對匯率產生較大的影響；經濟規模較小的國家，例如韓國，外匯市場的變動會對韓國國內物價產生較大的影響。

10 景氣動向與匯率的矛盾關係

　　當景氣復甦帶動出口成長，企業賺到的錢會增多，民眾的錢也變多，帶動國內消費量成長，也有餘力購買進口品，帶動進口增加。在景氣復甦期間，出口增加的幅度通常會大於國內消費增加的幅度，因此從外國流入的外匯數量會增加，成為本國貨幣升值（匯率下降）的原因；景氣衰退的時候則會出現相反的效果。萬一本國製造的產品數量減少，則會造成流入本國的外匯數量減少，這時外匯需求相對增加，本國貨幣變弱勢，匯率就會上升。換句話說，通常在景氣復甦期間，一國貨幣在國際貨幣市場會變強勢，本國貨幣價值會跟經濟景氣呈現同方向變動。景氣達到頂峰之後會逐漸衰退，衰退到谷底時又再次復甦，進入復甦期之後再次達到頂峰。簡單來說，在資本主義經濟裡，景氣會不斷起伏，經濟成長的國家其貨幣會愈來愈強勢。

　　以下用韓國與美國的貿易進行說明。韓國製造汽車對美國出口，並且從美國進口牛肉，兩國的匯率是1美元兌換1,000韓元，韓國的汽車售價是1,000萬韓元，美國的汽車售價是10,000美元。某一年韓國汽車業者

開發出新技術,讓汽車產量大增,帶動韓國消費的汽車數量增加,對美國出口的汽車數量也增加。

由於美國的市場規模遠大於韓國,就算由韓國出口到美國的汽車數量增加,在美國引起的價格變動通常很有限,就像是韓國出口10,000輛車到美國時,價格跟出口20,000輛車到美國沒有太大差異。韓國出口到美國的汽車數量增加,使韓國外匯市場上的美元供給增加,韓元供給相對減少,會造成韓元升值。除了汽車之外,韓國還生產數以萬計的物品出口,各種物品對匯率的影響效果類似出口汽車。當韓國的物品產量增加,表示韓國的經濟景氣正在復甦。

接著談匯率對景氣的影響途徑,先看美國與韓國的市場規模。2024年2月美國的國內生產毛額(GDP)是27兆9,665億美元,韓國的GDP是1兆7,848億美元,美國的經濟規模大約是韓國的十五倍多,經濟規模的差異會反映在外匯市場。美國的生產或消費增加會影響美元的供需,對外匯市場的影響程度大約比韓國高出十五倍,反倒是韓國的生產或消費發生變化,對外匯市場的影響不到美國的10%。由於韓國與美國的經濟規模差距太大,韓國經濟環境的變化很難對美元兌韓元匯率產生影響,但是美國經濟環境的變化就會對外匯市場產生衝擊。匯率是兩國貨幣在市場上的交換比例,因為國家的經濟規模會有差異,所以各國對匯率的影響力並不對等。因此在國際外匯市場上,韓國受匯率影響的時候比影響匯率的時候還多。

就算兩國的經濟規模有很大差異,景氣與匯率的關係也無法一言以蔽之,特別是在現實生活中,如果要探討匯率變化對國內經濟的影響,

必須同時評估另一項條件──產能。韓國企業在製造產品時，不一定都會把產能開到最大，多數工廠會有庫存，讓生產設備用比較從容的方式運作。如果韓國出口到美國的訂單增加，韓國業者就會比平常生產、銷售更多的產品，帶來營業額成長。相對於韓國內需市場的需求增加幅度有限，美國的經濟規模較大，來自美國的需求更有機會出現大幅度增加。

假設國際外匯市場的匯率發生變化，從1美元兌換1,000韓元上升到1美元兌換1,100韓元。當韓國的物價維持不變，韓國公司出口相同數量的貨品到美國銷售，並將賺得的美元帶回韓國兌換成韓元，可以獲得比原本更高的收入。若美國的物價下跌10%，物價下跌會帶動更多需求，韓國業者的出口數量增加。此時韓國業者的產量提高，景氣可望回升。就算經濟景氣沒發生變化，只要韓元貶值，韓國業者出口到美國的產品價格就會變便宜，韓國業者會增加生產出口，帶動海外營收成長。萬一美國市場對韓國產品的需求增加，但是韓國業者的產能不足以因應需

景氣與匯率的關係

國內景氣復甦 》 出口增加 進口增加 》 外匯供給增加 》 本國貨幣升值匯率下降

匯率上升 》 出口增加 進口減少 》 國內生產擴大 》 國內景氣復甦

求，這時就算韓元貶值也無法為業者帶來產量提高、海外營收成長的效果。

　　假設匯率從1美元兌換1,000韓元下降到1美元兌換900韓元。雖然韓國業者出口相同數量的產品，但是獲得的韓元收入也會減少。業者為了維持原本的利潤，必須調漲產品的國外售價，但是價格上漲會讓產品的出口量減少，造成國內產量全面減少，產量減少就會造成景氣衰退。

　　匯率對韓國經濟的影響多少有些矛盾。韓國的經濟規模較小，對國際價格與匯率的影響力較弱，所幸製造業擁有的生產設備與技術充足，可以應對國外需求成長，因此在韓元貶值或匯率上升時，經常能看見韓國景氣復甦。以前韓國政府干預外匯市場，刻意讓匯率上升、韓元貶值，為的就是透過匯率來刺激景氣，促進韓國經濟成長。

11 金融市場與匯率的心理層面關係

　　農民常會在農地附近建造蓄水池，預防發生天災或乾旱時，儲存的水才能應急。如果那一年的降雨量足夠，蓄水池的水就不會派上用場；萬一雨下太多，蓄水池的水有可能溢出，讓原本已經飽受雨水摧殘的農地雪上加霜。務農是相當忙碌的工作，農民無法經常管理蓄水池的水位，也沒空留意是否因為乾旱導致儲水量偏低。在農作物開花結果、採收、銷售獲利之前，有很多因素會影響收成，蓄水池的水量也扮演非常重要的角色。

　　匯率如同農耕蓄水池水位的角色。匯率的基礎是實體經濟，來自於進出口貿易產生的外匯供需。實體經濟的變化需要時間，而且是很緩慢地進行。如果只有實體經濟會影響匯率與國家經濟，世界各國的經濟就會相對安定。然而，匯率影響國家經濟的理由不單單來自於實體經濟，金融市場也會對國家經濟產生很大的影響。金融市場是資金需求者與資金提供者進行交易的地方，高度依賴投資人的心理狀態。如果外國資金大量離開本國，金融市場長期處於混亂狀態，金融危機就會悄悄到來。

匯率在金融市場扮演的角色比在實體市場更直接、更有破壞力，這就是為何當一國遭遇經濟危機時，外匯市場會最先有反應，其次才是金融市場。

大多數國家的資本市場採取有限度地開放，投資人不會只在本國投資，只要是有錢賺的地方，對哪一國都有可能投資，匯率是評估投資與否的標準。假設美國投資人李麥克在美元兌韓元匯率是1美元兌換1,000韓元的時候，買了股價是10,000韓元的三星電子股票10,000股，表示李麥克進行這項投資需要1億韓元資金，換算成美元是10萬美元。

某一天，美元兌韓元匯率下降到1美元兌換900韓元，三星電子股價維持在10,000韓元。雖然以韓元計算的10,000股三星電子股票依然價值1億韓元，把金額換算成美元是111,111美元。對李麥克而言，10,000股三星電子的股票價值超過11萬美元。三星電子的股價雖然沒有任何改變，只因為匯率波動，未實現損益就增加大約11%，讓投資人不費吹灰之力就賺到錢。假如李麥克預估韓元會升值、匯率會下降，肯定會增加投資。

另一種情況，假如美元兌韓元匯率上升到1美元兌1,100韓元。雖然三星電子的股價依然維持在10,000韓元，但是10,000股三星電子股票換算成美元價值剩下90,909美元，李麥克因為韓元貶值，產生了大約10%損失。如果李麥克預估韓元會貶值、匯率會上升，應該會減少投資。整體而言，外國投資人要投資韓國股票時，最終報酬率必須同時考慮股價漲跌幅（%）與韓元漲跌幅（%）。

以韓國綜合股價指數（KOSPI, Korea Composite Stock Price Index）為

例，2023年韓國股價上漲18.7%，匯率從1,264韓元上升到1,288韓元，韓元貶值1.9%。表示投資韓國股市的外國投資人報酬率增加〔18.7＋（－1.9）〕＝16.8%。

投資債券也是類似情形。2023年初韓國一年期國庫券的年利率為

從事海外投資的報酬率計算

| 投資標的的（股票、債券、房地產）價格漲跌幅（%） | ＋ | 投資國貨幣的價值漲跌幅（%） | ＝ | 總報酬率 |

外國投資人投資韓國股市的報酬率

| 18.7 | ＋ | -1.9 | ＝ | 1.68 |

外國投資人投資韓國債券的報酬率

| 3.77 | ＋ | -1.9 | ＝ | 1.87 |

＊假設投資期間為2023年。

3.77％，如果2023年1月李麥克用1億韓元購買該國庫券，持有一年就能得到377萬韓元利息。由於2023年韓元貶值1.9％，假如李麥克將美元兌換成韓元，在2023年1月用1億韓元投資該債券，持有一年期滿將報酬換回美元，投資報酬率會是〔3.77＋（－1.9）〕＝1.87％。

在韓國投資虛擬貨幣、房地產等各種資產的外國人，必須承受匯率變化造成的報酬率增減。2020年以來韓元價格不斷下跌，投資韓國的外國人每年因為匯率而報酬率減少。

計算韓國人對國外投資的報酬率，類似計算外國人在韓國投資股票、債券等資產。韓國人若要投資美國股票，必須將韓元兌換成美元，才能用美元來買股票，賣出股票之後也必須把得到的美元兌換成韓元，所以投資報酬率是股價漲跌幅與美元漲跌幅的合計。以最多韓國人投資的輝達（NVIDIA）股票為例，2024年1月輝達股價是48美元（股票分割後的價格），2024年7月22日上漲為123美元，這段期間美元兌韓元匯率從1,300韓元上升到1,388韓元，美元價格換算成韓元上漲了6.8％。

假設某甲在2024年初用1億韓元投資輝達的股票。以2024年初匯率是1,300韓元計算，1億韓元兌換成美元大約是76,923美元，某甲在輝達股價為48美元時買進1,602股。為了計算方便，暫時不考慮股票買賣的手續費及匯兌手續費。2024年7月22日輝達股價上漲到123美元，某甲將1,602股全部賣出，得到197,046美元，並且以當日匯率1,388韓元換匯，得到273,490,000韓元。換句話說，某甲用1億韓元的本錢投資輝達股票，經過七個月，1億韓元變成273,490,000韓元，投資報酬率為173.5％。考慮匯率變動計算總報酬率的方式，是把輝達的股價漲幅

156.3%與美元漲幅6.8%相加,再加上股票預期報酬率乘以美元漲幅得到的10.4%,就能計算出總報酬率為173.5%。

投資海外債券、基金、房地產等外國資產時,計算投資報酬率的方式也是類似,將預估的投資報酬率加上美元漲(跌)幅比率,就能得到最終報酬率。舉例來說,投資年利率5%、一年期的美國國債,假如這一年內美元價格上漲5%,換算成韓元的年報酬率就是10%。

外匯市場的搖擺狗現象

金融市場的資金之所以會大量移動,與投資人的心理變化有很大關係。以2008年3月韓國的金融市場為例,當時月平均匯率是1美元兌982韓元,但2009年3月暴衝到1,453韓元,短短一年內,美元兌韓元匯率上升47.9%,韓元貶值47.9%。在相同時間點,韓國綜合股價指數(KOSPI)月平均值從1,651點下跌到1,140點,跌幅達31%;一年期韓國國債利率從年利率5.05%下降到2.51%。換句話說,外國投資人如果在2008年3月將美元兌換成韓元投資韓國股市,隨即遭遇股價下跌(-31%)及韓元貶值(-47.9%)的雙重損失(-78.9%)。如果外國人一開始用1億韓元投資,2009年3月大約只剩下2,000萬韓元。

外國投資人如果遇到這種情況,沒理由繼續對韓國投資。當外國投資人回收資金,美元的供給就會減少,韓元的供給增多,造成韓元貶值(匯率上升),投資氣氛低迷,這麼一來,股票市場又會下跌,再次成為匯率上升的因素。2009年韓國的商品市場雖然沒有特別變化,外匯市場

外國投資人的投資心理對匯率的影響

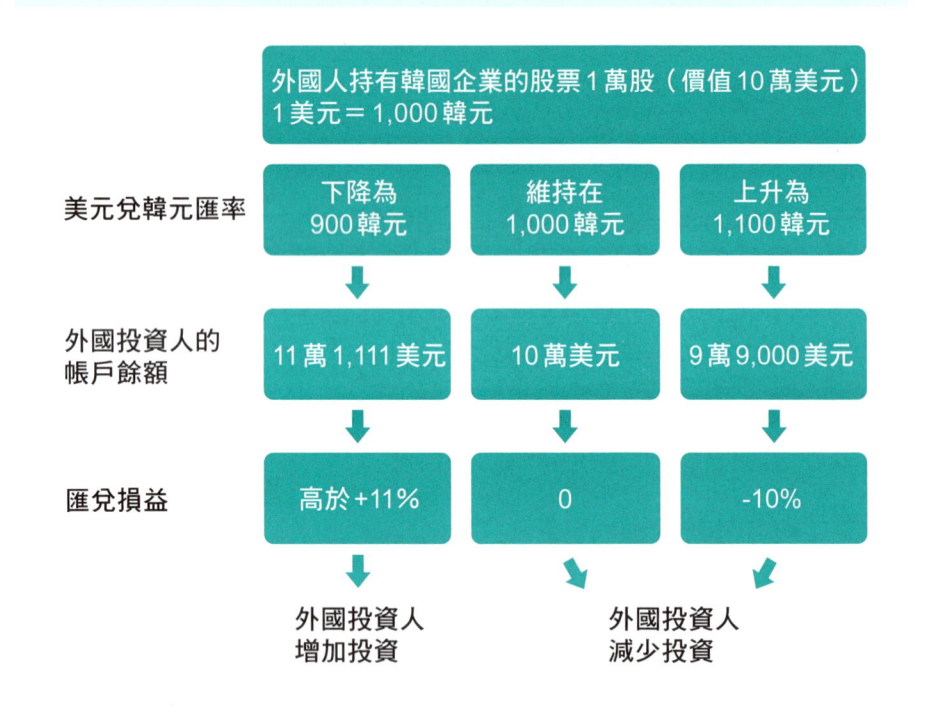

外國人持有韓國企業的股票1萬股（價值10萬美元） 1美元＝1,000韓元

美元兌韓元匯率	下降為 900韓元	維持在 1,000韓元	上升為 1,100韓元
外國投資人的 帳戶餘額	11萬1,111美元	10萬美元	9萬9,000美元
匯兌損益	高於+11%	0	-10%
	外國投資人 增加投資		外國投資人 減少投資

與金融市場卻因為心理面的不安出現很大的震盪。金融與外匯可說是反映商品經濟的鏡子，但這面鏡子有時候也會反過來動搖商品經濟，發生尾巴搖狗[7]現象（wag the dog）。

---

7 譯註：股票市場的新用語，形容遠期（尾巴）影響即期（身軀）的現象。遠期市場原本是為了降低股票市場的風險所創，沒想到遠期市場的影響力增強，回過頭來影響股票市場。狗搖尾巴通常是身體不動只有尾巴動，尾巴搖狗比喻金融市場、外匯市場的本末倒置。

經濟規模愈小、外匯市場與金融市場愈不成熟的國家，愈容易發生尾巴搖狗現象。我們很難想像金融危機始於美國外匯市場，卻經常可見落後國家因為外匯市場的動盪不安影響經濟。所以如果一國的外匯市場受到很大衝擊，本國貨幣價值發生大幅變化，國家為了維持外匯市場穩定就必須介入干預。換句話說，愈是落後的國家，政府在外匯市場扮演的角色愈重要；愈是落後或經濟規模愈小的國家，國家的經濟存亡愈容易被外匯市場操縱。韓國雖然已進入已開發國家的行列，但是經濟規模還沒大到可以忽視外匯市場衝擊的程度，因此韓國政府非常注意外匯市場動向，隨時準備在必要的時候進場，維持市場穩定。政府干預外匯市場的方式很多，包括主政者用呼籲的方式穩定市場、實際在外匯市場釋出外匯進行交易等。

12 利率與匯率的直觀關係

　　匯率與利率的關係比匯率與景氣更直接、更直觀。一國決定利率的過程是先由中央銀行決定基準利率,金融市場才依照基準利率訂出各種存款利率與債券利率。中央銀行是依據景氣與資金流量等多項變數決定基準利率。例如,2024年5月韓國的基準利率是年利率3.5%,美國是5.5%,美國比韓國高出兩個百分點。如果一國的基準利率高,該國的債券利率、存款利率等其他利率就高。2024年5月一年期美國國債利率為年利率5%,韓國國債利率是3.49%,投資人若用100萬韓元與一年的時間投資,購買美國國債期滿可獲得50,000韓元利息,購買韓國國債期滿只能獲得34,900韓元利息,投資人會偏好投資美國國債。

　　韓國人若要購買美國國債,必須先把韓元兌換成美元,造成美元的需求增加,成為美元變強勢的原因。如果一國的利率比其他國家高,該國貨幣變強勢的可能性就會提高。股市、房地產等其他資產的價格與匯率變動也很類似。假如韓國企業的業績變好、股價上漲,投資韓國股票的外國人應該會增加。這時外匯市場上把美元兌換成韓元投資韓國股市的人增加,美元流入增加、韓元需求增加,就會讓韓元變強勢。當外界認為韓國房地產市場的房價即將上漲,就會啟動「外國人對韓國房地產

的投資需求增加→美元供給增加→韓元升值」的價格傳遞機制。

　　韓國的利率會影響匯率，不過匯率也會反過來影響韓國金融市場的利率。這裡為了方便計算，假設美國一年期國債利率是年利率5%，韓國國債利率是3%，美元兌韓元匯率是1美元兌換1,000韓元。美國投資人李麥克用1億韓元投資韓國國債，採用年利率3%計算，一年可獲得300萬韓元利息。李麥克想把這筆錢帶回美國，兌換成美元是3,000美元的利息所得。假如匯率上升到1美元兌換1,100韓元，金融市場會有什麼變化？對李麥克而言，在韓國獲得的利息雖然一樣是300萬韓元，兌換成美元卻剩下2,727美元，匯率上升讓李麥克的利息所得減少263美元。這麼一來，外國人會不想在韓國投資，連帶使韓國資本市場上的債券需求減少。當韓國債券的需求減少，會使債券利率上升、債券價格下跌。假如李麥克想在匯率上升的時候得到與先前相同水準的利息所得，債券利率必須上升到3.3%才會有相同效果。如果匯率與債券利率同時上升，外國投資人就不會發生損失，自然不會刻意減少對韓國投資。

　　接下來看韓國投資人對美國投資的情況。某甲把1億韓元兌換成10萬美元，用這筆錢購買一年期美國國債，可獲得5,000美元的利息。當匯率上升到1美元兌換1,100韓元，某甲在美國獲得的利息可以兌換成550萬韓元，比匯率是1美元兌換1,000韓元時多得到50萬韓元。對某甲而言，在美國投資債券比在韓國投資債券更有吸引力。此時韓國人會傾向多投資美國債券，造成韓國的債券需求減少，債券價格下跌、利率上升。

　　當匯率下降到1美元兌換900韓元，情況就會改變。對持有10萬美元、想在韓國投資的外國人而言，雖然在韓國投資的利息只有300萬韓

利率與匯率的關係

本國利率上升 » 外國人增加對本國投資 » 外匯供給增加 » 匯率下降（本國貨幣升值）

匯率上升（本國貨幣貶值） » 外國人在本國的投資報酬率減少 » 本國債券需求減少 » 本國利率上升（債券價格下跌）

＊譯註：此處的本國是指外國人的投資國。

元，但是因為匯率下降，這筆利息換算成美元會有3,333美元，吸引外國人增加購買韓國債券，使韓國的債券價格上漲、利率下降。至於想在美國投資的韓國人，以10萬美元投資獲得5,000美元利息後，將利息兌換成韓元剩下大約450萬韓元，因此韓國人會減少對美國投資，轉而增加對韓國投資，同樣會成為利率下降的原因。

　　股票市場也能用類似債券市場的方式說明。匯率上升會讓投資韓國的外國人與投資外國的韓國人產生損失，所以資金會離開韓國股票市場；匯率下降會讓投資韓國的外國人與投資外國的韓國人得利。因此，匯率上升對本國股票市場是利空，匯率下降對本國股票市場是利多。投資房地產或投資其他資產的結果也是類似。簡單來說，不論對國內或國外的投資人，匯率下降（本國貨幣升值）對本國市場是好消息，匯率上升（本國貨幣貶值）對本國市場會有負面影響。

從韓國投資人與美國投資人的投資行為來看，匯率上升（韓元貶值）是導致韓國金融市場利率上升的原因，此時市場規模就非常重要。假設韓國與美國的資本市場規模相當，如果匯率變動讓外國投資人必須在韓國市場支付的利率上升，外國投資人就可能把對韓國投資的資金轉往美國投資。美國因為流入的資金增加，造成債券價格上漲、利率下降。美國利率下降讓美國投資人將資金抽離美國市場，移動到利率高的國家（例如韓國），就會成為韓國市場利率下降的原因。資金在這個過程反覆移動，韓國市場與美國市場的利率會逐漸收斂，最後達到均衡水準。

　　不過，實際上韓國資本市場的規模只有美國的十分之一，就算從韓國離開的資金全部流入美國，這些錢也不足以影響美國的利率。所以在資本市場上，美國與韓國對彼此產生的影響力明顯不同，只有韓國的資本市場會受到相對大的影響，這就是韓國資本市場對匯率波動很敏感的原因。

13 依時間與條件交易的外匯市場

　　經營一家中小企業必須注意很多事情，包括減少公司營運的不確定性。唯有在不確定性低的時候，經營者才能有效擬定未來的發展計畫，並進而落實。企業如果因為匯率變動發生資金流動不穩定，自然無法正常經營。為了避免這種情況，企業在外匯市場進行時間與條件的交易。有時候是現在的錢和未來的錢進行交易，有時候會設定貨幣之間的交換條件。未來才要交換的貨幣會影響現在的貨幣價格，只在滿足條件時才進行交易也會影響現在與未來的匯率。交易的方式多元也很複雜。

　　遠期交易是非常具有代表性的外匯交易，目的是為了減少未來的風險。企業在國外銷售商品時，從買賣雙方簽約開始，一直到出貨、收到貨款之前，中間會經過一些時間。簽約時雖然已經決定商品售價，但將來收到貨款時，卻會因為匯率變動有獲利或損失。業者這時可利用遠期外匯（forward exchange），在未來特定的時間點以事先約定的匯率進行外匯交換，降低匯率變動產生的風險。

　　舉例來說，中小企業A公司出口單價為10萬韓元、總金額為1億韓

元的化妝品到美國，貨款要三個月後才會收到。假設現在的匯率是1美元兌換1,000韓元，A公司出口1億韓元的化妝品到美國，應該可收到10萬美元的貨款。A公司如果和銀行簽署「三個月後以1美元兌換1,000韓元」的遠期外匯合約，三個月後不論匯率變成多少，A公司都能依照合約裡的條件，將10萬美元兌換成1億韓元。遠期外匯合約是現在簽約，未來依照合約內容支付相對應的款項。匯率變動有可能讓A公司虧損，也可能讓A公司獲利，A公司簽署遠期外匯合約會同時消除這兩種可能性，減少匯率帶來的風險。

無本金交割遠期外匯（NDF, non-delivery forward）也屬於遠期外匯交易的一種，到期時只針對簽約時的匯率與到期日的匯率差價交割。假設A公司與銀行簽署了在NDF市場的遠期交易，擬用1美元兌換1,000韓元的匯率交換10萬美元。如果簽約之後匯率上升到1美元兌換1,100韓元，代表10萬美元可兌換到1.1億韓元，金額比A公司與銀行簽約的內容高出1,000萬韓元，銀行就必須向A公司支付1,000萬韓元。如果簽約後匯率下降到1美元兌換900韓元，A公司就必須向銀行支付1,000萬韓元。因為NDF交易只針對差額進行交割，公司能用小錢進行大規模交易，有時會被投機勢力利用。

NDF交易是外國企業與韓國外匯指定銀行之間進行的交易，美元兌韓元的NDF交易可在亞洲的新加坡、香港、東京，以及倫敦、紐約、法蘭克福等地進行。韓國外匯市場的交易時間原本是上午九點三十分至下午三點三十分，韓國政府為了促進外匯市場發展，從2024年7月起將交易時間提前到上午九點開始，延至凌晨兩點結束，大幅延長交易時間。

不過美元兌韓元的NDF市場並非特定交易所，而是場外交易（OTC, over the counter）市場，因此實際上二十四小時都可進行。從韓國首爾到東京、香港、新加坡、倫敦、紐約，每個市場持續進行著NDF美元交易，由於各國會發生形形色色事件，NDF匯率受事件影響不斷變動，尤其是在首爾開盤的九點三十分，紐約市場的NDF匯率對韓國遠期匯率會有較大的影響，不少對匯率波動較敏感的人會持續注意紐約市場的NDF匯率變化。

除此之外，外匯市場還有許多衍生性商品，其中選擇權（option）與換匯交易（FX Swap）主要用於降低匯率波動的風險。選擇權交易是購買在特定匯率賣出或買入美元的權利。假設A公司用100萬韓元買了三個月後以1美元兌換1,000韓元賣出美元的選擇權。如果A公司當時沒有購買這項選擇權，三個月後匯率變為1美元兌換900韓元，持有10萬美元的A公司就會損失1,000萬韓元。由於A公司已經買了這個選擇權，三個月後就可以用1美元兌換1,000韓元將10萬美元兌換成1億韓元，扣除購買選擇權的價格100萬韓元後，A公司還是可以獲得9,900萬韓元。相反的，如果三個月後匯率上升到1美元兌換1,100韓元，這會有什麼結果？A公司可以決定不行使選擇權，直接以1美元兌換1,100韓元的市價出售美元，就可以獲得1.1億韓元。因為選擇權是購買一項做選擇的權利，只要朝對自己有利的方向選擇就行。

換匯交易是在未來特定的時間進行商品或金融資產相互交換的合約。例如：A公司跟銀行簽約，約定好在將來某一天以現在的匯率交換韓元與美元，以此降低匯率變動的風險。

大家必須了解外匯市場的各種變動，才能對匯率變化有比較精準的預測。不過金融市場與金融商品都已經成熟發展，不是一般人能輕易理解與預測的領域，而且外匯市場的規模太大、結構複雜，被許多擁有龐大資本與專業知識的勢力主導，也常有投機勢力會故意利用匯率擾亂市場。

14 外匯存底，國家的緊急預備金

　　外匯存底是一個國家的緊急預備金。國家需要緊急預備金的理由跟個人一樣，是為了因應各種突發狀況。相信大家多少有過緊急需要用錢的經驗，突然生病或失業就需要緊急預備金。國家也是如此，有很多時候都需要用到外匯。

　　如果韓國的大企業面對極高風險，國家遭受北韓威脅，經濟就會動盪不安，外國投資人集體逃離，動搖外匯市場。這時韓國政府必須動用緊急預備金 —— 外匯存底，才能穩定市場，避免外國投資人撤離。假如國家沒有緊急預備金，遭遇外來危機時，就無法穩定外匯市場。市場開放程度愈高、規模愈小的國家，外匯緊急預備金的必要性就愈高，韓國也屬於這樣的國家。

　　一般人的緊急預備金大都以現金持有，面對突發狀況能立刻使用。國家也是一樣，需要外匯存底的時候，這筆資金也必須要能立刻使用。國際上最廣泛使用的貨幣是美元，因此國家以美元作為外匯存底的情況最多。2024年4月韓國的外匯存底為4,133億美元，包括美元、歐元、日

圓、人民幣等外幣資產，金額高達3,895億美元，占外匯存底94%，這筆錢全都由國外債券、股票、存款等金融資產組成，外幣資產約有70%是以美元計價。

除了外幣資產之外，韓國的外匯存底也有黃金（48億美元）、特別提款權（146億美元）、在國際貨幣基金的準備部位（44億美元）等。特別提款權（SDR, special drawing rights）是國際貨幣基金制定的特殊制度，會員國發生國際收支逆差增加時，可以向國際貨幣基金提領外幣，是其會員國擁有的貨幣請求權。韓國的特別提款權有146億美元，代表當韓國的國際收支逆差擴大產生外匯需求時，最多可向國際貨幣基金提款146億美元。在國際貨幣基金的準備部位[8]（reserve position in the Fund）是會員國有義務繳納的資金，如果繳納的國家有資金需求，這筆錢能隨時提出。黃金是用途最廣的貴金屬，貨幣性黃金（monetary gold）也可作為外匯存底。

韓國政府與韓國銀行（Bank of Korea）[9]利用外匯存底，在外匯市場上買賣美元使匯率穩定。2024年3月韓國的外匯存底是4,193億美元，4月為4,133億美元，相隔一個月外匯存底減少60億美元，表示韓國政府與韓國銀行在市場上賣出大約60億美元。這項結果可視為韓國政府與韓國銀行拋售美元使韓元的價格穩定，但是詳細的外匯存底使用明細不會對外公開。

8　譯註：在國際貨幣基金的準備部位也稱為普通提款權（GDR, general drawing rights）。
9　譯註：韓國的中央銀行。

國家取得外匯存底的方式有很多。第一種是中央銀行直接從市場上買入外匯,透過本國貨幣與外幣交易的方式干預外匯市場。韓國銀行支付韓元買入外匯可讓外匯存底增加,但市場上流通的韓元增加會形成物價上漲的壓力。韓國銀行為了避免物價上漲,發行貨幣穩定證券（Monetary Stabilization Bond）,吸收市場上流通的韓元。貨幣穩定證券的利息由韓國銀行支付,這也意味著韓國銀行並非不必付出任何代價就能取得外匯存底。

　　一國政府如果從國外借入外幣,並且把錢存放在中央銀行,外匯存底也會增加。韓國政府在國外發行名為外匯平準基金（Foreign Exchange

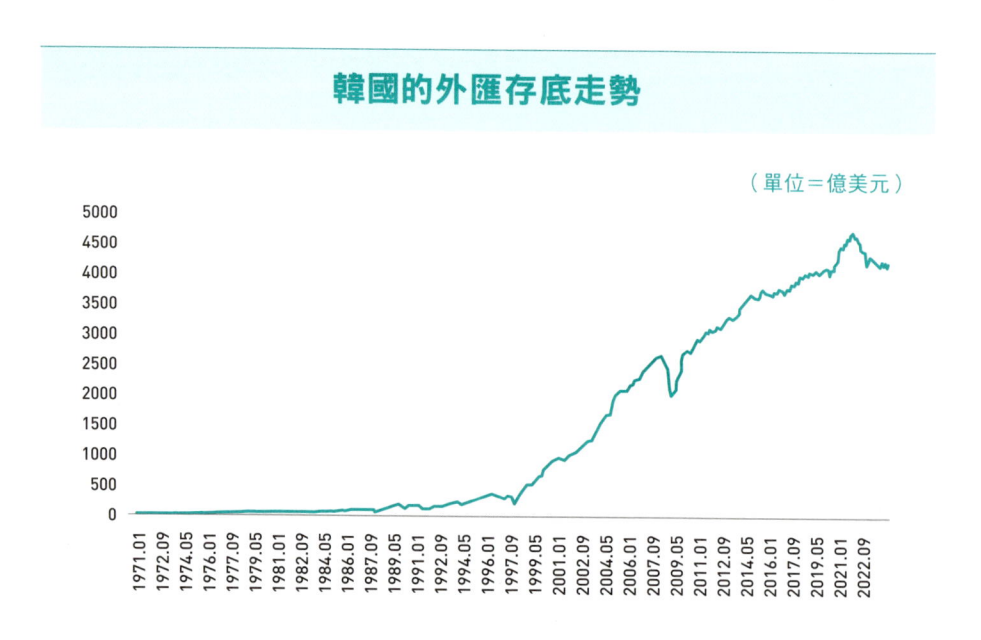

韓國的外匯存底走勢

（單位＝億美元）

資料來源：韓國銀行

Equalization Bond）的債券，從國外取得美元，並且支付外匯平準基金債券的利息。這筆利息同樣必須由韓國政府負擔。

韓國的民間金融機構有時也會向國內企業或個人購買外匯，或者從國外取得外幣資金。民間金融機構存放在韓國銀行外幣支付準備帳戶的金額也會被計入外匯存底。

簡單來說，當韓國對外出口增加、外國投資人對韓國投資增加、韓國對外借款增加時，外匯存底都會增加。但是當韓國的國外進口高於出口、外國投資人減少對韓國投資、韓國對國外增加投資、韓國不易向國外融資時，外匯存底就會減少。尤其是在外匯市場不穩定，匯率持續上升，主管機關賣出美元、買入韓元干預市場時，外匯存底會減少。此時，外匯存底雖然用在適當的目的上，能應急的緊急預備金也會減少。

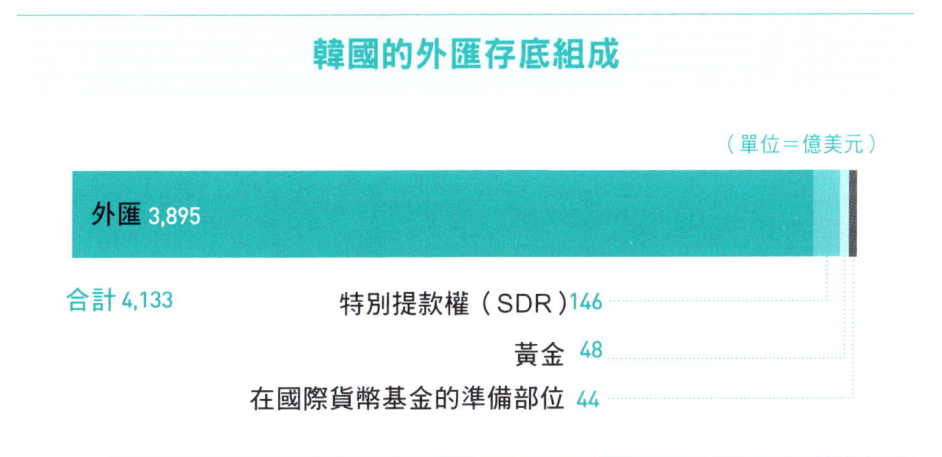

韓國的外匯存底組成

（單位＝億美元）

外匯 3,895

合計 4,133

特別提款權（SDR）146
黃金 48
在國際貨幣基金的準備部位 44

＊2024年4月為基準。

國家持有外匯存底並非不用任何成本，所以應該盡量降低持有與管理外匯存底的成本，設法提高獲利。也許有人會問，國家應該持有多少外匯存底才算適當？1997年韓國的外匯存底大約是300億美元，2024年維持在略高於4,100億美元[10]，二十七年內增加將近十三倍。相同期間，韓國的GDP從5,700億美元成長為1兆7,000億美元，增加大約兩倍。相較於經濟規模的成長幅度，韓國的外匯存底展現了絕對的大幅成長。因為韓國經歷1997年亞洲金融風暴與2008年國際金融海嘯，深刻體會匯率不穩定的嚴重性，因此產生「外匯存底愈多愈好」的概念。雖然外匯存底大幅增加衍生出更多的管理成本，卻能讓國家對外的可信度提升，也有穩定外匯市場的效果。如何有效運用大量增加的外匯存底，是韓國政府與韓國銀行必須思考的問題。

10　譯註：根據中央銀行公布的資料，2024年9月底台灣的外匯存底金額為5,779.29億美元，較上月底減少11.29億美元。當月外匯存底變動的主要因素是外匯存底投資運用收益、主要貨幣對美元之匯率變動、央行為維持外匯市場秩序進場調節。

| 第3章 |

美元霸權與匯率

15 造就美國強權的力量，美元霸權

　　美國強權下的「美利堅治世」(Pax Americana)從何而來？大家可能最先想到美國令人畏懼的破壞力與壓倒性的國防戰力，再來才是維持世界第一的經濟實力。美國除了有傳統製造業與農業，還有GAFA（Google、Amazon、Facebook、Apple）等影響力遍及全球的科技企業，帶動最新的數位世界發展。然而，這些都不是讓美國成為強權最主要的條件，因為支持美國成為世界霸權的力量來自於金融與美元。

　　美元是國際金融交易的基本媒介，扮演著國際準備貨幣的角色，美國透過美元主導全球金融與經濟，掐住全世界的金融命脈。經歷過兩次世界大戰之後，美國成為全世界第一大強國，透過布列敦森林體系（Bretton Woods system）建立讓美元成為準備貨幣的架構，利用經濟規模、金融市場、國防戰力等整體國力擴大美元的勢力。美元的力量雖然是從美國而起，卻不是只有美國的力量存在。在國際貿易或資本交易時，只要對手國偏好使用美元，本國自然就必須以美元進行交易。由於美元具有方便交易、節省成本、穩定性高的優點，逐漸被各國廣泛使

美元在全球外匯存底的比重

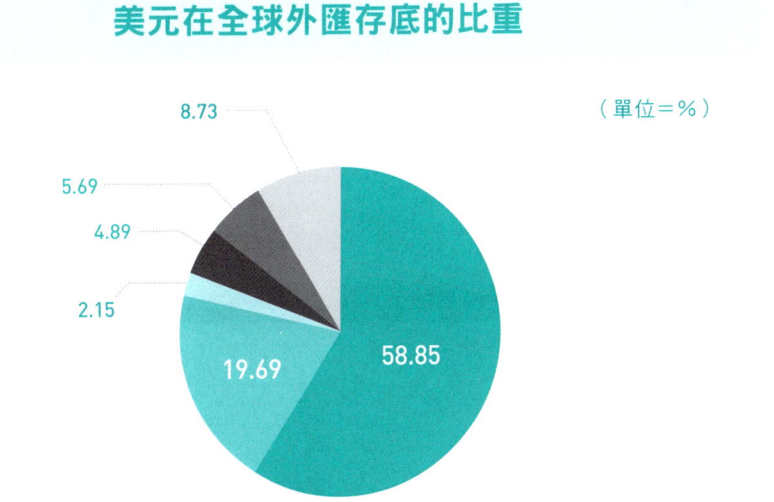

（單位＝％）

- 美元：58.85
- 歐元：19.69
- 人民幣：2.15
- 英鎊：4.89
- 日圓：5.69
- 其他：8.73

資料來源：國際貨幣基金，2024年第1季

用，最後成為國際貿易的慣用貨幣。歐元、人民幣、日圓雖然也逐漸被認同是國際貨幣，不過只有美元真正具有國際準備貨幣的地位。

美元霸權從金融交易、資本交易、國際地位等面向綜合考量，大約涵蓋全球金融的80%以上。美國當然使用美元交易，美國以外的其他國家之間，貿易與資本交易大都也用美元。美國與歐洲聯盟（EU, European Union；以下簡稱歐盟）利用七大工業國組織（G7）、北大西洋公約組織（NATO, North Atlantic Treaty Organization）、國家之間的貨幣互換協定（swap arrangement）密切聯繫。國際貨幣基金、世界銀行等國際經濟組織

美元在貿易融資的比重

（單位＝%）

■ 美元　■ 歐元　■ 日圓　■ 人民幣　■ 其他

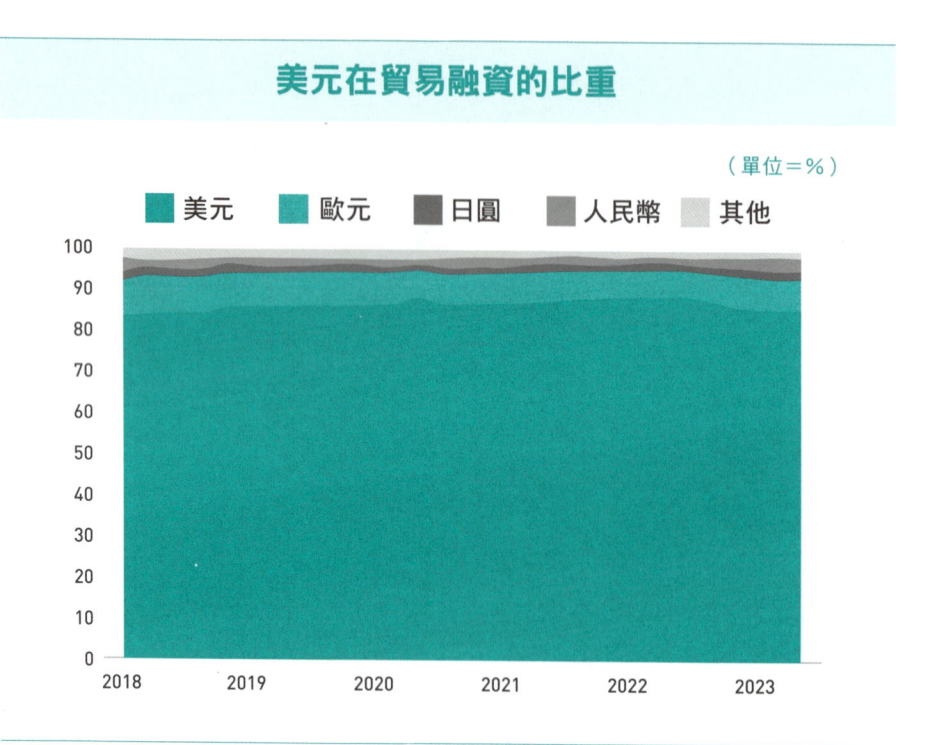

資料來源：COFER, SWIFT and calculations

也受美國影響，與美國形成互助體系。歐盟使用歐元作為單一貨幣，但歐盟又是美國的盟友，如果連歐元也包含在內，全球金融市場顯然由美國主導。

　　從美元使用的範圍來看，更能感受美元的影響力。在國際貿易上，亞太地區使用美元的比率是74%，其他地區大約是80%；歐洲使用歐元的比率約60%。在外匯交易上，有高達90%都是以美元報價；在國際金融方面，以美元計價的貸款或存款比率約為60%。世界各國為了預防外

幣的流動性危機，累積的外匯存底之中，美元或以美元計價的資產約有60%。全球GDP之中，美國約占四分之一，若以美國的購買力平價計算（PPP, purchasing power parity）僅約15%，凸顯出美國在金融領域的影響力之高。

美元的影響力為美國帶來很大的優勢，對美國的雙赤字（twin deficits）問題——財政赤字達到GDP的6%、貿易赤字達到GDP的3%，美元也能提供絕對的幫助。美國為了彌補財政赤字發行國債，美國國債由外國投資人買下，在全球市場上交易。美國企業從事貿易活動時，採用本國貨幣（美元）支付，完全沒有匯率風險問題。美國的資本市場與金融市場以紐約證券交易所（NYSE, New York Stock Exchange）為中樞，資金在最有利的位置中流動，聯邦準備制度（Fed, Federal Reserve System；以下簡稱聯準會）不論宣布升息或降息，都會影響其他國家的貨幣價值變動，如同操縱著資金成本。

全世界所有國家都拿美元和本國貨幣比較，評估本國貨幣的價值，這就是各國貨幣兌美元的匯率。以韓國為例，韓元與美元比較後是多少價值，決定每天外匯市場上美元兌韓元的匯率，這個匯率成為韓國進出口業者結帳、一般民眾匯兌、金融機構之間進行外匯交易的基準。由於本國貨幣的匯率是以美元作為比較基準，其他國家貨幣的匯率是各國貨幣與美元比較而得，全世界都無法脫離美元的影響範圍。

現在看這一切似乎是理所當然，但是如果不是因為第二次世界大戰、布列敦森林體系，現在不見得會是如此。下面將探討美元體系如何在許多事件與狀況之下，逐漸在全球金融市場成為霸權。

16 美元沒有匯率,但有美元指數

　　如果大家認為美元的霸權是理所當然,請大家思考一個較陌生的問題,美元有匯率嗎?匯率可以簡單看成是美元與其他國家貨幣的相對價值,應該沒人聽過美元自己的匯率。因為美元不需要匯率,美元就是美元,是其他國家依據美元來調整本國的經濟與金融市場運作。以美元兌韓元匯率為例,在市場開放交易的時間內,有許多變數時時刻刻不停地讓匯率變動。美元兌韓元匯率雖然是美元與韓元的相對價值,這個價值不是只由美韓兩國的關係決定,韓國的綜合經濟基本面(就業、生產、物價等一國的總體經濟指標)才是最重要的變數,另外也會受歐元、日圓、人民幣等貨幣的匯率,以及全球經濟動向影響。

　　全球市場的運作圍繞著美元體系,歐元與美元、日圓與美元之間也各有不同的相對價值。美元與各國貨幣的匯率分別由各國的外匯市場決定,美國在與這些國家進行商品貿易、服務貿易、股票、債券、房地產投資等經濟活動時,大部分都以美元計價。因為美元相對於各國貨幣的價值不同,才會誕生美元指數。

美元指數在1971年8月15日誕生，因尼克森衝擊（Nixon Shock）事件，美國宣布停止美元與黃金的兌換，全球市場一片譁然。在這之前，國際上實施金匯兌本位制（gold exchange standard system），各國只要拿來美元，美國就必須提供黃金進行交換。然而美國的黃金儲備大幅減少，財政面對赤字問題，讓金匯兌本位制遭遇危機。黃金與美元的交換比例是1盎司兌換35美元，美國雖然採取可反映美元貶值的「現實化」措施，結果卻未能見效，最後只好停止美元與黃金掛鉤，結束金匯兌本位制。（下一節將詳述）美國突如其來的舉動讓全球金融市場陷入混亂，幾個主要的已開發國家試圖一起尋找解決方案。

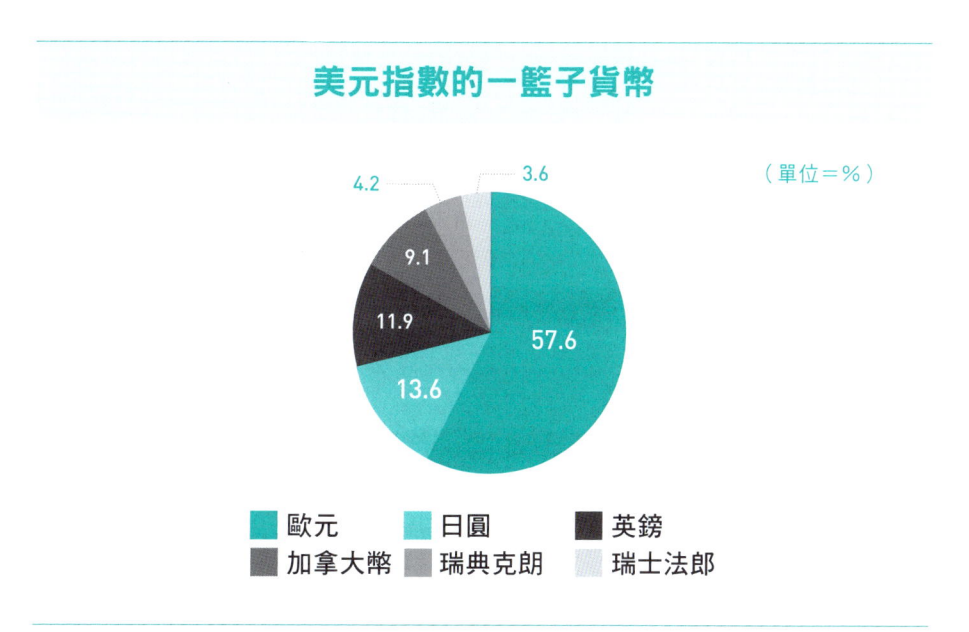

美元指數的一籃子貨幣

（單位＝%）

- 歐元 57.6
- 日圓 13.6
- 英鎊 11.9
- 加拿大幣 9.1
- 瑞典克朗 4.2
- 瑞士法郎 3.6

資料來源：ICE

美元指數最早包含十個國家的貨幣，除了西德馬克、法國法郎、義大利里拉、英國英鎊、荷蘭盾、比利時法郎等歐洲國家的貨幣之外，還有日本日圓、加拿大幣、瑞士法郎、瑞典克朗。後來德國馬克、法國法郎、義大利里拉等貨幣加入歐元區，統一使用歐元之後，美元指數整合為六種貨幣。當時在國際外匯市場的貨幣比重依序是歐元57.6%、日圓13.6%、英鎊11.9%、加拿大幣9.1%、瑞典克朗4.2%、瑞士法郎3.6%，這幾個國家都與美國有很多商品及資本交易，美國反映以歐洲為主的已開發國家貨幣訂出了美元指數。

美元指數的限制

　　美元指數無法反映當前的世界經濟，因為美元指數的計算沒有包括人民幣與印度盧布。中國是全世界第二大經濟體，印度在世界舞台也展現強大的經濟成長力，除此之外，墨西哥、韓國、澳洲等與美國有密切貿易的國家貨幣也沒被計算在內。俄羅斯盧布甚至因為冷戰時代的體制差異，從來沒被列入考慮。

　　依照聯合國的會員國數目，全世界大約有兩百多個國家，理論上美元指數應該像綜合股價指數一樣，把全世界所有國家的GDP跟貿易規模都列入考慮才對，只是未來也不會出現這種指標。雖然美元指數無法完整呈現目前的全球經濟環境，但是對美國而言，加入新貨幣會增加指標變動的機會，地緣政治上的不確定性也會增加。而且世界各國已經能透過與美元比較得到匯率，現在的美元指數屬於展現美元霸權的一部分，

用來強調美元的經濟地位與重要性。學理上，美元指數是一種長期指標，因此必須維持統計上的一致性。

在當代經濟裡，美元指數可用來掌握主要已開發國家與美元之間的貨幣價值變動。美元指數以1973年3月當作基準100，當指數高於100，表示美元的價值走強，當指數低於100，代表美元的價值走弱。1985年2月美元指數曾經上升到164.72，當時擔任聯準會主席的美國經濟學家保羅・沃克（Paul Volcker）為了打擊通貨膨脹（inflation），把基準利率調高到20%，引爆中南美洲的經濟危機。2008年3月美國爆發次級房貸（subprime mortgage loan）風暴，美元指數曾下降到70.69。

這時的美元指數是洲際交易所（ICE, Intercontinental Exchange）美元指數。雖然聯準會和JP摩根（J.P. Morgan）也會利用貿易量及新興市場

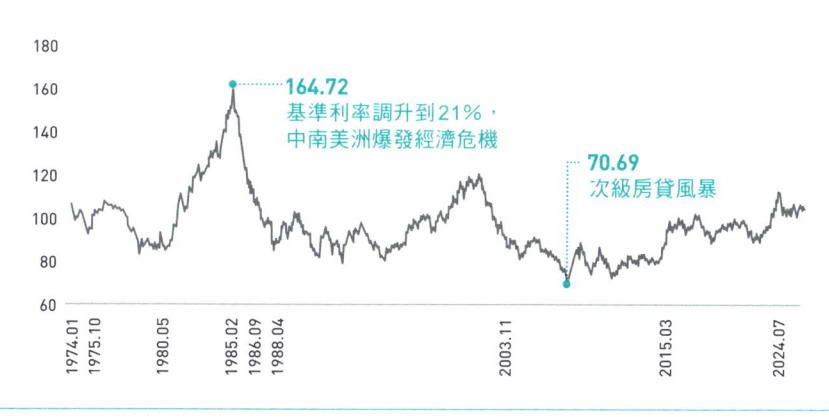

美元指數的歷年走勢

164.72
基準利率調升到21%，
中南美洲爆發經濟危機

70.69
次級房貸風暴

資料來源：investing.com

貨幣來計算美元指數，但金融市場與媒體最常用的還是ICE美元指數。因為洲際交易所在1985年以聯準會計算的美元指數作為基礎推出期貨合約，ICE美元指數因而普及化。洲際交易所在1990年代後期推出天然氣等能源交易，之後透過收購與合併，目前已成為控股公司，擁有紐約證券交易所、ICE期貨交易所、橫跨美國、英國、歐洲、新加坡等多國的6個清算所（從簽署遠期交易合約後至交割完成為止，管理信用風險的機構，扮演買賣雙方的中介角色）。

17 尼克森衝擊後更強勢的美元

　　資本主義體制初期，一國的貨幣價值主要是與黃金掛鉤，依照黃金價格決定貨幣價值，稱為金本位制度。許多國家發行貨幣的時候，依照持有的黃金儲備數量印刷鈔票。在金本位制度下，黃金、白銀就是貨幣，為了讓紙鈔具備與金幣相當的價值，必須搭配法定貨幣的制度，於是各國制定法令，確保紙鈔上印刷的面額可用來買賣等值的商品。

　　然而在經歷兩次世界大戰後，國際間發生權力移轉，原本因殖民地遍布各地，有「日不落國」之稱的英國逐漸式微，美國取而代之。第一次世界大戰期間，美國對戰勝國提供經濟援助，成為債權國，後來更直接參與第二次世界大戰，成為世界第一的超級大國。美國在第一次世界大戰爆發前的黃金儲備相當於20億美元，後來黃金儲備增加一倍，達到可發行40億美元貨幣的程度。

　　特別是在第二次世界大戰結束前，1944年7月列強在美國布列敦森林召開會議，由此更能看出世界經濟與國際政治的權力消長。當時西方四十四國代表希望建立新的世界金融秩序，經濟學家約翰・梅納德・凱

因斯（John Maynard Keynes）是英國代表，與美國代表哈里·迪克特·懷特（Harry Dexter White）展開激烈辯論。凱因斯提出一種新的全球貨幣——「班科」（Bancor），以及提議成立國際清算聯盟，但是未被各國代表接受。國際社會是現實的，當時的世界霸權已經從英國移轉到美國，最後決議實施由美國以1盎司黃金等於35美元的金匯兌本位制，亦即黃金美元本位制。世界各國的貨幣以黃金或美元為基準固定匯率，只允許匯率波動小於1%，各國政府如果拿出美元，美國就必須提供黃金交

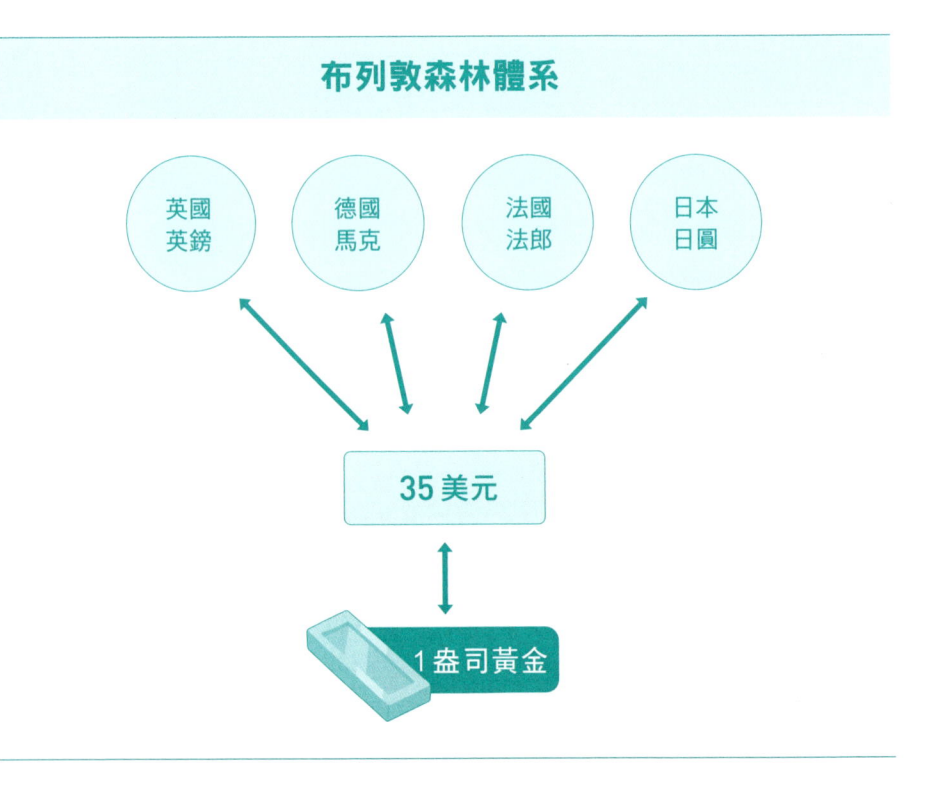

布列敦森林體系

英國 英鎊　德國 馬克　法國 法郎　日本 日圓

35 美元

1 盎司黃金

換，是一種將美元價值與黃金掛鉤的固定匯率制度。這個歷史事件讓世界經濟及金融市場變成完全以美元為中心。

此外，國際貨幣基金與世界銀行〔包括國際復興開發銀行（IBRD, International Bank for Reconstruction and Development）〕也在此時成立，成為新國際金融體制的兩大支柱。從這時起，國際貨幣基金總裁固定由歐洲人擔任，國際復興開發銀行總裁由美國人擔任也成為慣例，美國對這兩個國際經濟組織都有實質的主導權，得以維持美元霸權。戰後的國際金融秩序就這樣形成以美元為中心的布列敦森林體系。

然而，布列敦森林體系最後卻因為美國自己的問題瓦解。1950年至1960年代，美國與蘇聯的冷戰愈演愈烈，美國又參加越戰，因而發生嚴重的財政失衡，貿易收支逆差增加，各界擔憂美元是否會因此貶值。倫敦市場的金價持續飆高，法國強烈批評美元體制，當時的財政部長季斯卡（Valéry Giscard d'Estaing）抨擊美元是「囂張的特權」（exorbitant privilege）；經濟學家雅克・拉豐（Jean-Jacques Marcel Laffont）也批評美國享受著「沒有痛苦的赤字」。

隨著各國擔心的情況成真，美元在國際金融市場開始貶值之後，許多國家紛紛拿美元向美國要求換回黃金。1971年5月西德宣布停止固定匯率制度，荷蘭拿出大量美元要求美國換成黃金，法國、英國、瑞士等國也接連表示希望把美元換回黃金。美國總統理查・尼克森（Richard Nixon）在1971年8月15日召開緊急會議，宣布停止美元與黃金交換。

這個事件就是歷史上的「尼克森衝擊」，讓全球金融市場陷入混亂。依照布列敦森林協議，美國有義務接受各國以美元交換黃金，但是

美國的經濟大幅衰退，持有的黃金幾乎消耗殆盡，尼克森總統宣布不再承擔這項義務。尼克森總統表示，這項決定是為了保護美元不被國際上的投機分子利用，同時也保障美國人民的生活，對美國人民不會有任何危害。美國宣布關閉黃金窗口，等於向全世界宣告布列敦森林體系瓦解，打破美元與黃金維持一定比例的固定匯率制度。

尼克森衝擊事件後的幾年，全球金融市場處於非常混亂的狀態。1971年12月十個已開發國家透過《史密森尼協定》（Smithsonian Agreement），將美元價值降低為1盎司黃金等於38美元，希望透過擴大各國貨幣的匯率浮動範圍，盡可能維持布列敦森林體系，但是力道依然不夠。1972年6月英鎊被投機分子鎖定，英國只好改採浮動匯率制度，1973年1月義大利與瑞士也跟進改採浮動匯率制度。1973年3月西德、法國、荷蘭等歐盟六國加上瑞典、挪威宣布採用聯合浮動匯率制，《史密森尼協定》變得有名無實，國際貨幣制度也正式邁入浮動匯率制度時代。

與黃金脫鉤反而更強大的美元體系

諷刺的是，尼克森衝擊的結果反而使美元體系更加鞏固。因為世界各國已經習慣美元體系，一直以來在國際金融市場都以美元結算，很難找到取代美元的貨幣。布列敦森林體系讓美元與黃金掛鉤，尼克森總統宣布美元與黃金脫鉤，美元的發行數量不必再受黃金準備的限制，美國可以隨心所欲地發行美元，實施只考慮美國利益的金融政策，不受任何牽制，對全世界產生直接的影響。

除此之外，美國還動用外交與國防力量維持美元霸權。1974年7月美國與沙烏地阿拉伯透過幕後協商達成協議，建立起「石油美元體系」（petrodollar system），約定以美元作為原油交易的唯一貨幣，美國則必須負責沙烏地阿拉伯的國家安全。沙烏地阿拉伯是中東最大的產油國，也是阿拉伯國家的領袖，在沙烏地阿拉伯的主導之下，其他中東產油國也跟進，使美元成為石油交易的慣用貨幣。1970年代發生兩次影響全球經濟的石油危機，原油價格飆漲，大量美元流入產油國家的口袋。產油國家以石油美元購買美國發行的國債，石油美元流入以倫敦為中心的國際金融市場後，再次回到美國與西方已開發國家。這個過程鞏固了美元體系在全球金融市場的地位。

第二次世界大戰後，全球金融市場逐漸習慣以美元作為國際準備貨幣的方式運作，當時還沒有所謂的歐元區，在國際金融市場上，各國的貨幣價值透過與美元比較而定，轉向浮動匯率制發展，國際貿易與金融交易主要也以美元計價。發展至此，主要的已開發國家別無選擇，只能接受本國貨幣價值對美元浮動的浮動匯率制度。至於其他新興國家，大都採用本國貨幣與美元掛鉤的固定匯率制（釘住匯率制）。因為匯率變動的幅度如果太大，會影響一國的經濟運作，因此新興國家選擇在一定的期間內使貨幣價值維持穩定。

美元霸權的發展史

期間	內容
1944.7	布列敦森林體系 （採用金匯兌本位制，國際貨幣基金與世界銀行成立）
1969	國際貨幣基金實施特別提款權（SDR）制度
1971.8	尼克森衝擊（美國停止以美元兌換黃金）
1971.12	史密森尼協定
1973	油價飆漲
1974	西方已開發國家採用浮動匯率制 美國與沙烏地阿拉伯達成石油美元協定
1985	廣場協議（日圓、馬克升值）
1995	墨西哥金融危機
1997	亞洲金融風暴
1998	俄羅斯金融危機
1999.1	歐元區實施單一貨幣
2008	全球金融海嘯
2010	縮減購債恐慌 歐洲主權債務危機
2015	人民幣被納入特別提款權制度的一籃子貨幣（12.28%）
2020	新型冠狀病毒危機

18 美元守護者——美國認定匯率操縱國

　　美國聯準會如果調整基準利率，全世界金融市場都會跟著受影響。雖然聯準會調整基準利率是以美國的物價穩定與充分就業為目標，卻會影響世界各國的利率政策。從時間上來看，聯準會宣布調整基準利率與其他國家改變利率政策幾乎是同時發生，頂多有些許時間差。就算是經濟規模較大的國家也會受美國的利率影響，各國的利率政策也會相互影響，再次說明全世界無法脫離美元霸權。

　　利率與匯率的決定方式有些不同。匯率是兩國貨幣兌換的價值，展現國家的相對價值，舉凡貿易收支、經濟成長率、財政狀況、金融市場穩定程度等，一國的基本面會對匯率產生複雜影響。除此之外，一國貨幣的供需、貨幣是否屬於穩定的貨幣，也是決定匯率的短期變數。全球經濟對匯率的影響固然重要，但各國的綜合性條件與兩國間的相互關係對匯率更加重要。

　　匯率經常存在國家出手干預的空間，國家之所以會干預匯率，通常是為了降低本國貨幣的價值。歷史上發生過許多次主要國家之間的匯率

戰爭，都是為了設法讓貨幣貶值。因為有這些歷史借鏡，美國為了控制匯率，制定出所謂的匯率操縱國名單。

美國財政部的匯率操縱國認定標準

美國財政部每年會公布兩次匯率監察報告書。1988年美國總統隆納德・雷根（Ronald Reagan）頒布《綜合貿易暨競爭力法》（Omnibus Trade and Competitiveness Act），首度提到匯率操縱國的名稱。當時因為美國的貿易收支持續出現逆差，美國政府認為有特定國家在操縱匯率，才會造成不公平的貿易行為。2015年歐巴馬（Barack Obama）政府頒布《貿易促進法》（Trade Promotion Authority），讓匯率操縱國的認定標準、導正措施更具體，並且將涉嫌操縱匯率的國家分為深入分析對象與觀察對象。一國被判定為深入分析對象的標準有三：①政府介入外匯市場時，美元的淨買匯金額高於該國GDP的2%，且十二個月內有超過八個月是淨買匯；②該國的經常帳順差高於GDP的3%，或經常帳缺口大於1%；③該國對美國的貿易順差高於200億美元。

當一個國家同時符合這三項標準，就會被美國財政部列入深入分析名單；如果只符合其中兩項標準，就會被列入觀察名單。美國財政部會與深入分析名單的國家談判，尋找解決方案，並且向國會報告談判過程與結果。2024年6月美國財政部發表的匯率監察報告書裡，沒有任何國家被列入深度分析名單；2023年11月的報告書裡，台灣、越南、新加坡、馬來西亞因為達到標準而被列為觀察名單，德國與中國雖然未符合

詳細標準，但是從外匯上的慣例看來，有必要持續分析，所以也被列入觀察名單。尤其是中國，雖然只符合對美國貿易順差的標準，但中國沒有公開外匯市場的資訊，匯率的調整機制也不夠透明，所以被美國財政部列入特別觀察名單；日本則因為達到對美國貿易順差與經常帳兩項標準，被新列入觀察名單。報告書裡指出，日本干預外匯市場應僅限於特殊情況，並進行適當的事先協商。2022年上半年度的報告書中，共有十二個國家被列入觀察名單，包括：韓國、中國、日本、德國、義大利、印度、馬來西亞、新加坡、泰國、台灣、越南、墨西哥。川普（Donald Trump）政府執政時，曾經將中國、越南與瑞士列為匯率操縱國；越南與瑞士在2020年底依照《綜合貿易暨競爭力法》與《貿易促進法》，同時被認定為匯率操縱國與深度分析對象。

中國在1992年至1994年有三次被美國認定為匯率操縱國，2019年8月也被認定為匯率操縱國，直到2020年1月才解除。日本在1988年、台灣在1988年與1992年被列為匯率操縱國；韓國在1988年跟台灣一起被列為匯率操縱國，1989年解除，目前未曾被列入深度分析名單。不過韓國從2016年8月起，一直被列在觀察名單，直到2023年11月才被除外，時間長達七年。

美國在與匯率操縱國談判的期間，會和國際貨幣基金（IMF）聯手，利用互助體系施壓，對匯率操縱國課徵關稅或施加不利條件，限制該國對美國企業投資，使該國無法參與美國的政府採購市場等制裁。國際貨幣基金屬於美國影響力之下的國際經濟組織，也是運作美元本位制度的重要角色，由此也可看出美元霸權的威力。

美國的匯率操縱國認定標準

	對美貿易順差（億美元）	經常帳順差高於GDP的比率（%）	美元淨買匯金額高於GDP的比率（%）	是否被認定為匯率操縱國
標準	超過200億美元	高於3%	高於2%	─
中國	294	1.7	未達標準	否
德國	65	2.0	未達標準	否
日本	68	3.5	未達標準	觀察對象
韓國	17	2.5	未達標準	否
台灣	30	14.1	未達標準	觀察對象
越南	105	3.4	未達標準	觀察對象
新加坡	13	26.9	未達標準	觀察對象
馬來西亞	31	6.7	未達標準	觀察對象

資料來源：整理自美國財政部2023年11月公布的匯率監察報告書

　　各界對美國認定匯率操縱國一事，一直以來有許多不同意見。首先是美國利用國內法（national law）規範國際貿易體系的合理性。雖然從國際經濟與國際政治的現實面來看，國家的影響力無法避免，但美國自行認定的方式很難不被批評。此外，被貼上匯率操縱國的標籤雖然可能有「羞辱」（name and shame）的效果，實際上無助於改善貿易收支。因為決定貿易逆差的關鍵除了匯率之外，通常還有製造商品與提供服務的

產業競爭力及企業競爭力。

究竟是匯率操縱還是政策調整？

　　美國認定匯率操縱國最重要的爭議在於，該國到底是故意操縱匯率，或者只是政策調整，這兩者不容易界定。基於匯率的特性，各國政府多少都會依照貿易收支或美元等外匯的供需情況適度「干預」，確保一國的經濟運作。當全球市場不穩定，國內因為匯率變動金融市場出現不安，政府為了穩定金融市場，也會動用外匯存底干預外匯市場。

　　由於匯率會對貿易收支產生很大影響，世界各國都傾向讓本國貨幣的價值維持在相對低點。面對相同商品，如果一國的貨幣兌美元匯率較高，以美元報價的出口品價格就會降低，所以一國若要改善貿易收支或提高貿易順差的規模，政府就會試圖讓匯率上升、本國貨幣貶值。

　　韓國在李明博政府時期[11]利用「貶值政策」，為韓國的出口貿易業者提高競爭力。然而，主打「匯率主權論」的政策方向讓匯率維持在韓元貶值的水準，造成進口品價格上漲，消費者物價飆漲，景氣成長趨緩。但是短時間內上升的匯率讓韓國從事出口貿易的大企業的營業利益大幅成長。

　　嚴格來說，貶值政策不論對個人或企業，都會產生財富移轉效果，個人與進口貿易業者的財富會移轉到出口貿易業者。當匯率下降，也就

11　譯註：李明博總統任期為2008年2月25日至2013年2月25日。

是本國貨幣升值時，進口品的價格下跌，對個人或進口貿易業者有利，若是由政府出面讓匯率上升，維持本國貨幣貶值，就會讓出口貿易業者得利。但是如果一國政府的匯率政策曝光，可能吸引投機勢力攪局，讓匯率的波動性更大，對經濟引發負面影響。

　　在匯率政策方面，後續值得注意的國家是中國。如果中美對立的情勢升溫，美國如何評估與應對人民幣價值與匯率水準，就可能影響全球市場。

　　美國單方面認定匯率操縱國的制度有如在昭告全世界，現在是美元霸權時代。從布列敦森林體系的固定匯率制度（金匯兌本位制），到後來以美元為主的浮動匯率制度，未來世界的權力版圖會如何消長，尚待關注。

19 美國的秘密武器——央行之間的貨幣交換

全球金融市場每隔幾年就會發生一次危機。從金本位制到金匯兌本位制再到美元本位制，每一次改變都讓全世界動盪不安。尤其在美元成為獨一無二的國際準備貨幣、美元本位制上路的1970年代之後，金融危機更常發生。原因在於金匯兌本位制是固定匯率制度，美元本位制是浮動匯率制度，浮動匯率制隱藏著內在不穩定的特性。

與黃金存量掛鉤的貨幣發行是金本位制，與黃金或白銀等貴金屬掛鉤的貨幣發行是金銀複本位制，將美元與黃金掛鉤的貨幣發行是金匯兌本位制，這幾種制度都會限制流動性的供給量。然而美國在沒有任何限制之下，依照自身需求增加發行美元，大量印刷美鈔或發行國債，藉此改善貿易赤字或彌補財政虧損，這會讓與美元掛鉤的全球金融市場受到影響。只要美國宣布大幅升息或降息，或者發生類似次級房貸風暴的金融事件，都會讓全球經濟陷入一片混亂。相對於擁有歐元、日圓、加拿大幣等準國際準備貨幣的已開發國家，經濟條件薄弱的新興國家更容易

陷入國家破產危機。

　　1970年代美國聯準會主席保羅・沃克在大幅調升基準利率的過程，引發了中南美洲的金融危機。之後全世界重大的金融事件還有1997年的亞洲金融風暴、2008年的全球金融海嘯、2010年的歐洲主權債務危機。亞洲金融風暴爆發時，美元兌韓元匯率一度飆升至2,000韓元，許多韓國人到現在還記憶猶新。2008年由美國次級房貸引爆全球金融海嘯，同樣也讓美元兌韓元匯率暴衝。危機爆發前的2007年，美元兌韓元年均匯率是929.2韓元，2009年3月6日場中匯率飆升到1,597韓元。

　　只要發生金融危機，不論是已開發國家或新興國家都無法幸免，尤其是經濟基本面較薄弱的新興國家，會被捲入更大的漩渦。2008年爆發全球金融海嘯時，美國聯準會主席班・柏南克（Ben Bernanke）得到「直升機班」的綽號。當時柏南克曾說，就算動用直升機撒錢，也要設法提振經濟。柏南克的綽號雖然有趣，但是許多國家笑不出來。因為柏南克宣布利用縮減購債（tapering）回收「直升機撒錢」（helicopter money）放出的流動性，讓新興國家的金融市場陷入極大混亂。已開發國家若採取量化緊縮政策，新興國家的貨幣價值與股票市場將會暴跌，也就是縮減購債恐慌（taper tantrum）。縮減購債恐慌也稱為緊縮恐慌，彷彿只要美國一打噴嚏，新興國家就會因此得到流感。大家肯定很難想像因為美國經濟基本面變脆弱引發的危機，竟然會讓新興國家的貨幣大幅貶值，由此可見美元作為國際準備貨幣的影響力有多強大。

美國與已開發國家、新興國家的換匯協定

　　為了避免匯率變動造成新興國家陷入困境，美國會與其他國家進行貨幣交換（currency swap），由聯準會出面與各國中央銀行簽約，因應對手國突然有美元需求時，美國能緊急提供美元支援。聯準會在新冠肺炎疫情爆發後的2020年3月19日，與韓國、澳洲、巴西、墨西哥、新加坡、瑞典等國分別簽署600億美元的貨幣互換協定（也稱為換匯協定）。在韓國與美國簽署後的隔天，2020年3月20日一早，韓國外匯市場的美元兌韓元匯率就下降至少30韓元，韓國股票市場的股價也接連上漲。2008年全球金融海嘯時，韓國也曾與美國簽署300億美元的換匯協定，隔天2008年10月30日，美元兌韓元匯率就下降177韓元。

　　美國與新興國家、若干已開發國家簽署臨時性的換匯協定（temporary U.S.dollar liquidity swap），只在特定期間有效，時間到了就得結束，或者另外展期，金額有限制，也必須支付約定好的利息。不過美國與歐盟、日本、瑞士、英國、加拿大簽署常設性換匯協定（standing U.S.dollar liquidity swap）。聯準會表示，為了減少進行貨幣交換與否的不確定性，提高五國之間的金融穩定，因此維持常設性的貨幣交換。2008年爆發全球金融海嘯時，美國為了讓金融機構更容易以美元及五種貨幣進行放款，與這幾國簽署臨時性的換匯協定，2013年10月才轉換為常設協定。連同美國在內的六個國家，兩兩簽署換匯協定，這些國家之間的換匯協定沒有到期日，可利用美元或對手國的貨幣簽約。不過六國之間的常設換匯協定從2009年開始之後，除了初期曾以小額試辦，後來幾乎

不曾實施。因為美國與這些國家之間的外匯市場是二十四小時運作、全面開放,且這五國的貨幣被視為準國際準備貨幣,匯率較為穩定。美國與這五個已開發國家之間的長期換匯協定已是帶動全球金融市場運作的核心角色。

發生經濟危機的時候,市場與投資人對安全投資移轉(flight to quality)[12]會展現較強烈的偏好。美元在世界各地都通用,是有保值功能的資產,像黃金一樣具有一定地位,對某些人而言,可能還覺得美元是比黃金更好的資產。因為黃金只有在金價上漲的時候才能獲利,美元就算不是持有現金,只要持有以美元計價的美國國債或資產,就能獲得利息。美元在流動性、保值性、穩定性方面,都明顯比其他貨幣更具優勢。

---

12 編按:安全投資移轉是指投資者在市場不確定或風險增加時,將資產從高風險的投資轉移到流動性較高、風險較低、更安全的投資工具或資產中。

20 美元武器化與去美元化的發展

美國一直都把美元當武器,也就是美元武器化(dollar weaponization)。簡單來說,美國將美元作為國際貿易的制裁措施,讓美元成為制裁的武器。就算一國的銀行、金融機構沒有違反本國法令,只要該國觸及美國制定的標準或違反美國的法令,就會成為美國制裁的對象。

以最近俄羅斯入侵烏克蘭為例,美國為了制裁俄羅斯,聯合盟友一起扣押俄羅斯中央銀行的美元資產,並且實施金融制裁,將俄羅斯的主要銀行逐出環球銀行金融電信協會(SWIFT)清算網路。環球銀行金融電信協會的總部設在比利時布魯塞爾,名義上是獨立運作,實際決策還是受美國影響。目前遭環球銀行金融電信協會驅逐的國家除了俄羅斯之外,還有伊朗與北韓,都是與美國敵對的國家。

美國財政部在2006年至2008年間,禁止與伊朗國營銀行有往來的他國銀行在美國銀行(Bank of America)開戶,透過美國銀行切斷與伊朗有關的交易與匯款。2005年9月美國財政部指控澳門匯業銀行(Banco Delta Asia)參與北韓的非法資金洗錢,引發匯業銀行存戶擠兌(bank run)事

環球銀行金融電信協會的總部雖然位在比利時布魯塞爾，依然受美國影響。

件。只要金融機構或銀行被美國點名為制裁對象，都會面臨接近倒閉的嚴重打擊。

金融制裁能給一個國家、該國銀行、該國企業致命的一擊，如果以美元進行的交易中斷，等於無法在全球金融市場有任何活動。因為一國對其他國家進出口商品時，必須透過多數主要銀行都有加入的SWIFT國際清算系統結算貨款，國家若不能使用SWIFT系統，就幾乎無法在國際之間支付結算。將美元武器化的金融制裁是美國展現霸權的決定性手段，嚴重程度如同金融界的「原子彈」。

但是被美國制裁的國家當然也不會坐以待斃，而會聯手其他同樣處境的國家，尋找美元以外的清算方式。這些國家的國營金融機構與民營金融公司排斥持有美元計價的資產，持續推動著去美元化（de-dollarization）。

在這些國家之中，中國的動作最不尋常。中國曾經是持有最多美國國債的國家，後來卻不斷賣出美國國債，試圖減少美國國債占外匯存底的比例。2022年4月中國持有的美國國債已低於1兆美元，2024年2月更剩下7,977億美元。中國人民銀行一邊減少持有的美國國債，一邊增加其他國家的貨幣與黃金持有數量。

中國官方媒體曾有報導，出售美國國債是中方對抗美國貿易戰的一項手段。中國大規模賣出美國國債會造成美國國債殖利率上升，對美國的實體經濟產生壓力，如果這時人民幣升值，中國的出口競爭力就會衰退。此外，中國出售的美國國債大約是數百億美元，在全世界的美國國債市場無法產生很大的影響。因此中國在中美對峙的層面擴大之際，刻意減少持有美國國債、美元計價的資產，可看成是一種傳遞政治訊號的行為。

　　美國總統唐納・川普在首度任期即大規模課徵關稅，不加掩飾地對中國施壓，中國隨即開始推動人民幣國際化，欲建立新的跨國清算網路，脫離美元的影響範圍。數位人民幣、石油人民幣政策，都是中國推動人民幣國際化的布局。繼任的總統喬・拜登（Joe Biden）的國家安全顧問傑克・蘇利文（Jacob Sullivan）指出，中國已明確走向對抗美國霸權之路。換句話說，繼川普政府之後，拜登政府也認為中國是「假想敵」，是爭奪霸權的「實際競爭者」。

　　由中國、巴西、俄羅斯、印度、南非共和國組成的金磚國家（BRICS）有意以各自的貨幣或新的「共同貨幣」進行支付。巴西總統魯拉（Luiz Inácio Lula da Silva）公開表示，金磚國家會員國必須以美元以外的其他貨幣清算，才能脫離美元的支配。

　　歐元區的會員國也沒能從貨幣武器化之中解脫出來。在美國與中國的例子之中，貨幣武器化是把本國貨幣當作政治、經濟手段施壓。西方陣營在2022年2月俄羅斯入侵烏克蘭之後，宣布凍結俄羅斯存放在西方的2,800億美元海外資產，這筆資產主要是俄羅斯中央銀行的存款，集

中放在歐盟保管。2024年6月七大工業國組織（G7）召開領袖會議，同意動用俄羅斯資產產生的利息收入，對烏克蘭提供500億美元援助。對此，俄羅斯暗示會對歐盟進行報復，勢必使衝突加劇。另一方面，義大利央行總裁法比奧・帕內塔（Fabio Panetta）表示，如果任意處置、使用俄羅斯持有的歐元計價資產，長期之下會引發外界對歐元的不信任，讓歐元的使用範圍受限。

21 假如美元從世界上消失

　　如果有一天，美元從世界上消失，會發生什麼事呢？我認為在未來三十年內不會有這種事情發生，三十年後發生的機率也很低。從現實面來看，國際貿易與外匯存底累積的外匯、國債之中，美元占了極高比例，不論是商業往來或在全球資本市場，使用美元已成為一種習慣。此外，貨幣的使用建立在信賴的基礎之上，如果發行的國家其貨幣的價值不受其他國家信任，該貨幣就不會通用。從這個角度來看，美元長期扮演國際準備貨幣的角色，在國際間廣泛使用，信任度很高。雖然美國能在全球經濟握有舉足輕重的影響力，主因在於美元是國際準備貨幣，但美國還有軍事、政治、外交等各方面的影響力，更能鞏固美元霸權。正如美國與美元體系密不可分，假設有一天美元體系的影響力變弱，表示美國的國家地位也正在動搖。由於美國的超級強國地位不可能一瞬間就消失，所以在世界經濟之中，美元也很難一下子就突然不見。

　　雖說如此，還是有一些人想像著不同的未來，各界對美元的未來發展有許多爭論，中國就站在最中心的位置。國際社會進入了美國與中國對立的G2時代，不少人認為在人民幣崛起之後，有機會削弱美元體系的影響力。中國積極推動數位人民幣、石油人民幣，公然挑戰美元霸權；金磚國

家擬推出「BRICS Pay」，在會員國之間推行共同貨幣，這些行動持續吸引外界目光。有不少媒體與學者認為，在中國持續推動之下，中國有機會成為與美國旗鼓相當的對抗勢力。2022年1月美國媒體CNBC曾預測中國會超越美國，並且用比預期更快的速度成為世界最大的經濟體。美國國營廣播公司VOA也曾預測，2030年中國的經濟發展會超越美國。此外還有觀點認為，中國利用改革開放維持高度成長，在2008年爆發全球金融海嘯時已奠定得以超越美國的基礎，後續藉由「中國製造2025」等策略，完成未竟的中國夢。

　　另一派人則持相反意見，尤其近幾年中國崛起論的熱度減退，出現新的「中國觸頂論」（Peak China）。《金融時報》（*Financial Times*）預估，中國經濟在2060年以前都無法超越美國。2024年1月英國智庫經濟和商業研究中心（CEBR, Centre for Economics and Business Research）認為，中國經濟超越美國的時間會延後到2038年，比2022年預估的2028年往後延遲十年。高盛（Goldman Sachs）在2011年出版的報告書裡預測，中國可在2025年超越美國，但2022年底高盛修正預估時間為2035年。美商富國銀行（Wells Fargo Bank）在2024年1月將中國超越美國的預估時間從2032年延後至2042年，往後推了十年。還有一些見解認為，中國絕對無法超越美國。英國經濟分析機構凱投宏觀（Capital Economics）與日本經濟研究中心（JCER, Japan Center for Economic Research）皆認為，中國在2030年代會超越美國，之後將因為多數人口步入高齡，導致經濟成長趨緩，加上人口減少、共產黨介入企業經營、官僚主義、先進技術受西方國家牽制等因素，2050年美國會重回世界第一。

根據2024年1月底世界銀行公布的統計資料，2023年中國的GDP大幅衰退，大約只有美國的65%。2021年中國曾經快速追上美國，GDP達到美國的75.2%，但2022年減少為69.2%，2023年差距更大。這段期間雖然美國不斷升息，但經濟成長依然穩健，相對之下，中國在新冠肺炎疫情的清零政策之後，經濟復甦速度不如預期，房地產走向泡沫化，國營企業財務造假的事件浮現，許多問題都成為中國經濟發展的隱憂。

中美對抗演變成長期耐力戰

　　美國跟中國的經濟基本面影響著美元與人民幣的未來。在數位革命浪潮中，美國在商品經濟領域有科技巨擘（big tech）、金融科技（fintech）、平台業者主導著全球市場；在最先進的半導體領域、資訊安全領域與國防領域，與同盟國聯手封鎖對中國出口。美國與韓國、日本、台灣組成晶片四方聯盟（Chip 4 Alliance），與十三個印度洋及太平洋國家組成印度－太平洋經濟框架（IPEF, Indo-Pacific Economic Framework），與日本、印度、澳洲組成四方安全對話（Quad, Quadrilateral Security Dialogue），對中國的經濟發展採取圍堵策略。美國與英國、澳洲組成的三方安全夥伴關係（AUKUS）考慮將日本納入，期望建立區域性的安全同盟組織圍堵中國，拉攏日本成為核心角色。

　　面對美國的動作頻頻，中國以合稱BATH的百度（Baidu）、阿里巴巴（Alibaba）、騰迅（Tencent）、華為（Huawei）為中心，建立自主的科技平台；在電動車領域提供國家級的支援，協助比亞迪超越特斯拉（Tesla）站

上世界第一；在無人機（drone）領域，大疆已拿下全球市占率第一；在利用人工智慧（AI, artificial intelligence）、臉部辨識技術、QR碼（QR code）的金融支付領域，中國已經超越美國。

不過中國已在2023年將世界人口第一大國的頭銜讓給印度，一胎化政策造成人口數減少、人口快速走向高齡化的問題逐漸浮上檯面。在因應氣候變遷的問題上，中國、印度等新興國家比已開發國家承受更大壓力；在軟實力方面，中國明顯比美國遜色。一個國家會基於本身的文化，從政治、社會多樣性等綜合層面，展現出應有的國家競爭力，中國在社會主義經濟制度下，主打共同富裕與中國特色，強化威權主義的政治體制讓其他國家無法積極認同。

就算人民幣一步步與美元爭搶市場，只要大家認同、接受為慣例的美元高牆一天不倒下，人民幣就很難取代美元，過去由美元取代英鎊成為金融霸權貨幣時也是如此。論國家的實質競爭力，美國早在1944年簽署布列敦森林協議的幾十年前就超越英國，只是在經歷兩次世界大戰之後，國際局勢才真正底定。所以就算中國的經濟水準超越美國，而且還必須大幅領先，有足以震撼全世界的決定性事件，人民幣才能取代美元。回顧剛才提到的所有條件，未來三十年內應不至於發生美元霸權隕落或美元體系崩潰的局面。

美元的未來取決於美國本身

古有云滴水能穿石，繩鋸能斷木。美元的地位雖然不會一朝一夕就

輕易倒下，卻有可能不再那麼穩固。美國本身的問題與矛盾有可能愈演愈烈，導致自己陷入泥淖。美國釋放過多的美元，流動性問題與財政赤字問題將是鞏固美元霸權的絆腳石。

2024年3月美國的國家負債，也就是聯邦政府負債高達35兆5,000億美元，比GDP的120%還多，光是國家負債的利息就要8,700億美元，首次高於美國的國防預算。美國國會預算辦公室（CBO, Congressional Budget Office）預估，2025年GDP之中的債務淨利息費用會增加到3.1%，成為第二次世界大戰以來最高，2034年還會再上升到3.9%；2024年美國的財政赤字為1兆6,000億美元，預估2031年財政赤字為2兆美元，2034年達到2兆6,000億美元。

聯準會大幅調升基準利率，美國政府增加財政支出或實施減稅等擴張性財政政策（expansionary fiscal policy），會造成國家債務的淨利息費用暴增，再度成為財政赤字擴大的主因，變成一種惡性循環。浮濫的財政運用造成國家負債增加、財政赤字擴大，會降低外界對美國的信賴，也會引發對美元的不信任。如果再加上保守傾向的領導人鼓吹美國優先主義（America First），讓世界上的陣營過度對立，世界各國看待美國的眼光會逐漸轉為負面。美國目前已經進入必須小心作繭自縛、自食惡果的階段。

| 第4章 |

匯率與韓國經濟

22 韓國外匯市場匯率不斷上升

　　紀錄不會說謊，正因如此，運動選手會為了締造佳績而努力。對跑百米的選手而言，如果練習時的成績一直在10秒左右，實際上場時很難跑贏練習成績維持在9秒的選手。球類比賽也是如此，最後結局如果是戲劇性地逆轉勝收場，回顧整場比賽過程，獲勝的隊伍通常會有特別值得記錄的表現，例如：足球比賽的上半場雖然完全沒有任何進球，卻有很多次有效射門，或拿到球的比例很高。幾乎不太可能有哪個球隊缺乏有效射門，最後還能贏球。換句話說，好的比賽結果不是突然發生，通常只是某一段期間的紀錄最後有了更新，不理想的紀錄則是讓不好的結果忠實呈現。如果之前已經有過不良紀錄，接下來就應該要有心理準備，在經濟領域也是如此。如果一個國家維持著不錯的紀錄，代表該國的經濟會成長、能發展，如果先前沒辦法留下好的紀錄，經濟發展就會變差。

　　運動分為許多種類，經濟也是由許多種要素構成，金錢流動就是其中一個最重要的要素。韓國經濟很容易受外匯流動影響，如果美元的金

流受阻，經濟就無法正常運作。韓元雖然可以由韓國銀行出手調節，外匯，尤其是美元，其流動是由許多變數所決定，韓國必須經常注意這些變數。外匯的流動會展現在匯率的波動上。

筆者曾經跟韓國的政府官員聊過匯率，當時對方表示，如果要讓韓國的經濟發展順遂，最適當的美元兌韓元匯率應該在1,100韓元上下，低於1,000韓元會讓韓國的出口競爭力衰退。因為韓元過度升值會迫使韓國業者必須在國外提高售價，造成出口減少，對韓國經濟產生負面影響。不過美元兌韓元匯率高過1,200韓元也會有問題。外國投資人對貨幣貶值的國家進行投資，會因為匯率產生損失，導致外國資本離開該國的金融市場。美元兌韓元匯率大致上以1,200韓元為上限，高於1,200韓元就會

近三年美元兌韓元匯率走勢

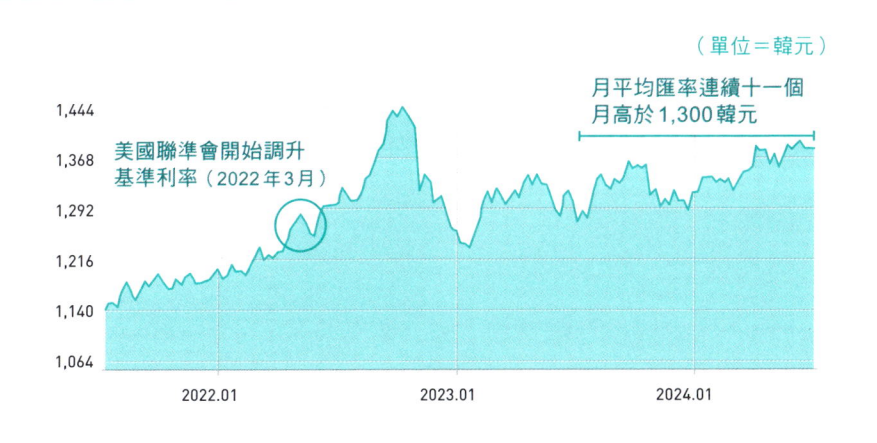

（單位＝韓元）

月平均匯率連續十一個月高於1,300韓元

美國聯準會開始調升基準利率（2022年3月）

資料來源：新韓銀行

對韓國的經濟發展產生負面影響。

美元兌韓元匯率在2024年刷新一項韓國的經濟紀錄。根據韓國銀行公布的資料，2023年8月至2024年6月美元兌韓元月平均匯率連續十一個月高於1,300韓元。受美國高利率政策影響，美元兌韓元匯率在2022年10月上升至1,425韓元，之後因美國暫停升息，匯率下降至1,300韓元左右，依然屬於偏高水準。前兩次美元兌韓元月平均匯率連續高於1,300韓元發生在亞洲金融風暴（1997年12月至1998年6月）與全球金融海嘯（2008年10月至2009年4月），後者以連續七個月打破前者紀錄。除了這兩次韓國陷入經濟危機的時間之外，不曾發生美元兌韓元匯率持續高於1,300韓元，因此讓2024年產生的紀錄特別引人注目。

美元兌韓元匯率高於1,300韓元代表韓國的貨幣價值過度貶值。本國貨幣適度貶值有助於增進出口到海外市場，貨幣貶值劇烈則代表該國經濟困窘。錢的價值不斷減少與該國的經濟實力衰退無異，該貨幣在外匯市場上不會受歡迎。如此一來，外國資本會離開該國，造成匯率更加上升，嚴重時會演變成經濟危機。匯率上升，也就是本國貨幣貶值，在一定水準之內有助於本國經濟發展，如果超過一定限度，就會影響該國的基本面。

不同於以往的經濟環境

雖然2024年韓國外匯市場出現新的歷史紀錄，暫時不需要太過擔心。2024年美元兌韓元匯率雖然高於1,300韓元，目前還感受不到外國

投資人的資金大量移出，主要原因應是韓國的經濟結構跟前兩次發生危機時已經不同。

外匯存底扮演外匯市場安全機制的角色，韓國的外匯存底已經大幅提高。1997年發生亞洲金融風暴時，韓國的外匯存底只有300億美元，2008年發生全球金融海嘯時外匯存底有2,000億美元，2023年更達到4,200億美元。換句話說，韓國的外匯存底在二十多年之間增加約十三倍。如果以韓國外匯市場的美元交易量每天平均約100億美元來看，外匯存底4,200億美元是相當高的水準。先前陸續有外國投機勢力操作美元擾亂市場，主管機關總是一口氣放出大量美元，制止這些投機分子。韓國政府與中央銀行曾經在午餐時間大量對外匯市場釋放美元，這種干預市場的方式也被稱為「便當炸彈」。

從國家的經濟規模或市場交易量來看，有學者認為韓國目前持有的外匯存底過多，應該將資金放在更有生產力的地方，或者用於投資獲取利潤，而不是被外匯存底的形式綁住。但是經歷過兩次經濟危機，有過痛徹心扉的教訓，韓國政府還是傾向以較多的外匯存底當作保險，換取心理上的安全感。

此外，韓國對外的負債結構也已好轉。外債是一國在國外發行國債、政府債券等有價證券，也就是把債權賣給外國，向外國借錢的概念。2024年3月韓國的外債總金額約6,636億美元，其中一年內到期的短期外債為1,117億美元，只占整體17%；1997年亞洲金融風暴時，短期外債高達45%。短期外債的比例高，表示國家還債的壓力大，面對危機的時候，匯率的波動範圍會擴大。除了短期外債的比例減少，韓國持

有的對外債權也大幅增加。對外債權是一國借給他國的錢，屬於本國資產。1997年韓國的對外債權大約是1,000億美元，2024年3月是1兆875億美元，比對外債務多出約3,000億美元。換句話說，韓國現在的對外資產與負債是以往無法企及的程度，也是足以令人安心的水準。

　　正因為外匯存底與外債結構已不再是往日風貌，現在對韓國投資的外國人不會因為美元兌韓元匯率上升就立刻逃離市場。2024年3月外國投資人在韓國股市與債券市場的淨買入金額超過10兆韓元，短期流動的熱錢（hot money）減少，從事中長期投資的外國投資人增加，這就是美元兌韓元匯率長時間高於1,300韓元、韓國金融市場也能相對穩定的原因。

23 韓國外匯市場的風險因素

　　雖然如此，現在也不能完全放心，還是存在風險因素。首先是美國的基準利率（年利率5.5%）高於韓國（年利率3.5%）。韓美利差擴大從2022年9月至2024年4月維持了二十個月，這個現象持續愈久愈會變成壓力。韓美利差擴大在外匯市場是一顆未爆彈，隨時可能引起混亂。

　　韓美利差擴大會使韓國施行金融的政策空間變小。韓國銀行金融貨幣委員會從2023年1月起到2024年7月為止，已連續十九個月凍結基準利率。如果韓國銀行調升基準利率，與美國的利率差距縮小，雖然能避免資本流出與韓元貶值，韓國卻可能因此景氣衰退；如果韓國銀行調降利率，雖然能刺激經濟，卻必須承受韓元繼續貶值的後果，因此韓國銀行既無法升息，也無法降息。換句話說，儘管韓國的經濟發展不如預期，韓國銀行的貨幣政策處於升息與降息的兩難。

　　雖然韓國外匯市場的結構已經改善，不再像以前容易發生國家破產，依然可能陷入長期經濟不景氣。只要外國資本流出的可能性增加，韓國的金融政策未能即時發揮作用，就算外匯流動性比以前好、外匯市場的結構改善，還是有可能抵擋不了危機。然而，這個現象似乎正在醞釀。根據國際貨幣基金公布的資料，韓國在2012年至2023年間，除了

近三年美元兌韓元匯率走勢

（單位＝%）

- 美國：2.5 → 1.75 → ... → 5.5%
- 韓國：0.5 → 1 → 3.5%
- 最大差距是 2 個百分點

時間軸：2018.11、2019.10、2020.05、2021.08、2022.01、2023.07、2024.07

資料來源：韓國銀行、美國聯準會

2020年新冠肺炎疫情期間有龐大的財政支出，其餘十一年的實質GDP（real GDP）皆小於潛在GDP（potential GDP）。潛在GDP是一國勞動與資本等生產要素在完全運用之下可達到的最大產出。

全心準備考試的學生有時候會得到高於實力的成績，有時也會覺得成績太低，沒有完全發揮實力。如果這個學生超過十年都沒辦法得到與實力相當的分數，就是一個很嚴重的問題。經濟也是一樣，實質GDP的變動主要受潛在GDP影響，一國政府如果積極刺激景氣，實質GDP有機會超過潛在GDP。過去十年韓國政府雖然採取過很多經濟政策，但實質GDP未曾超過潛在GDP。人口減少、生產力沒提高、政府政策未能順利推動，諸多原因讓韓國經濟無法發揮潛力。即便韓國政府撒錢也沒

能提振景氣,增加財政支出也未見效。世界上很難找到像韓國這樣的例子,長達十多年無法發揮經濟實力,就連日本從1990年代開始進入「失落的三十年」,也沒發生這種現象。韓國的實體經濟明顯出了問題,才會讓經濟復甦的時間拉長。

即使所有經濟指標都顯示匯率會下降,只要有地緣政治因素匯率就會上升

最近韓國的匯率發生前所未有的現象。2023年底美元兌韓元匯率是1,288韓元,2024年4月上升到1,375.4韓元,短短五個月內上升大約90韓元,匯率變動幅度大約6.8%;匯率上升代表韓元貶值。相同期間用來評估美元價值的美元指數上升4.6%,美元升值也代表韓元貶值,問題出在韓元比美元多貶值2%。不過同樣在這段期間,巴西、墨西哥等開發中國家的貨幣貶值幅度比韓國更大。

造成韓元貶值的原因有很多,首先是市場上的韓元供給多於美元。從金融市場與實體經濟的指標來看,沒有會特別造成美元兌韓元匯率上升的因素。匯率通常與國家之間的貿易收支成反比,如果貿易順差增加,匯率就會下降。因為本國商品賣到國外,賺得的美元流入本國,自然會造成匯率下降。韓國的貿易收支從2023年6月至2024年3月連續十個月都維持順差,實體經濟的美元供給增加,會是韓元升值的因素,照理說美元兌韓元匯率應該要下降才對,外匯市場卻出現匯率上升的現

象。韓國金融市場的表現也顯示匯率應該下降。依照韓國金融監督院（Financial Supervisory Service）公布的資料，2024年1至2月股票市場的淨匯入為10兆7,280億韓元，債券市場的淨匯入為4兆2,660億韓元。當外國人對韓國投資增加，美元兌韓元匯率會面對下降的壓力。

儘管各項指標都顯示美元兌韓元匯率應該下降，韓國外匯市場的匯率卻持續上升，因此有必要對此現象進一步探討。其實韓國外匯市場除了受經濟因素影響之外，也存在地緣政治的因素。

2024年以來，北韓的挑釁愈來愈頻繁、愈來愈直接，光是到2024年4月底，北韓已經發射過十次飛彈。北韓的飛彈試射會讓東北亞地區的地緣政治風險升高，北韓卻藉此展現本身的存在感。每次只要北韓發射飛彈，韓國與美國就會向北韓表達協商意願，提議相互合作，但北韓總是置之不理，反而造成北韓、中國、俄羅斯與韓國、美國、日本之間的對立升高。美日韓、中朝俄的對立局勢也是讓朝鮮半島緊張升高的原因。

除了東北亞之外，如果世界各地戰爭頻傳，也會讓韓國的風險增加。韓國的經濟非常依賴出口，原油更是必須100%從國外進口，俄烏戰爭開打，農產品價格飆漲，全球供應鏈受影響，韓國的經濟也連帶遭殃。中東地區的戰爭是國際原油價格上漲的原因，對韓國經濟會造成致命傷害。2024年台灣由新總統上任，新政府與中國的對立態度不減，也是韓國的風險之一。中國與台灣若爆發戰爭，朝鮮半島也有可能發生戰事。地緣政治的風險造成外匯市場不安，成為影響韓國經濟的關鍵。因此對韓國而言，外匯市場的變動不能只從經濟的角度來看。

隨著韓國的經濟規模進入全球前十大，在國際社會的影響力漸增，

各界開始呼籲韓元應該盡早國際化。韓元國際化是指，韓元應該像美元、日圓一樣，成為世界各國從事國際貿易與金融交易的通用貨幣。假如韓元真的國際化，韓國人出國旅遊就不必特別進行換匯，可以直接用韓元在國外消費；從事進出口的韓國貿易公司也可以直接以韓元付款。不過要實現這個目標恐怕還很遙遠。根據國際貨幣基金公布的資料，韓國的國內生產毛額（GDP）排名全球第十三，前面有美國、中國、德國、日本、英國等國，這些國家的貨幣在國際上的通用程度都比韓元高。除此之外，美國與中國占韓國的貿易比率合計達40%，貿易結構明顯不平均。整體而言，國際上對韓元的需求遠低於其他國家貨幣，如果再加上韓國的地緣政治風險，韓元邁向國際化之路恐怕還很遙遠。

24 唯有出口才有生路？幸好有匯率

　　太過依賴國外的力量並不可靠，不過韓國的經濟已經算是有最佳表現。與其他國家相比，韓國在當代經濟占有一席之地的時間還不算長，光復之後才成為主權國家。1945年8月韓國擺脫日本殖民，美國軍政時期是1美元兌換15韓元，幾乎是現在匯率的百分之一。因為韓國在光復初期依靠美國援助，美元與韓元在市場上不是正常交換。

　　1950年韓戰爆發，家園殘破不堪，國家必須重建。1960年代韓國走上經濟發展之路，實施固定匯率制度，將美元兌韓元匯率訂在250至300韓元之間。經濟發展初期韓國嚴重缺乏美元，沒有特別的技術，資源也不豐富，為了讓經濟能有所發展，必須從國外進口物資，此時就需要美元。但是取得美元的方法只有出口或靠其他國家援助，因此韓國政府全力振興出口。

　　1962年韓國頒布《出口振興法》，內容包括原物料進口業者能優先分配取得外匯、沒有出口業績的業者會被禁止進口等高強度的限制政策，1963年實施進出口連結制度，允許業者將出口獲得的外匯用於

進口。韓國政府振興出口的政策讓匯率上升，1964年匯率是255韓元，1971年上升到347韓元，七年內匯率上升36.1%。換句話說，這段期間韓國出口品的國外價格便宜超過30%。出口振興政策與匯率上升持續加速韓國出口，1964年韓國的出口金額大約是1億2,000萬美元，1971年首次突破10億美元。

1970年代之後，韓國政府依然維持振興出口的基調，匯率持續上升，1979年來到484韓元，1980年代更衝上607韓元。1977年韓國的出口總金額超過100億美元，但是進口增加的速度更快，表示1960年代與1970年代韓國長期處於貿易逆差（trade deficit），實體經濟流出的美元高於流入。貿易逆差會造成韓元貶值、匯率上升。簡單來說，在1960年代至1970年代，韓國政府的固定匯率政策造成貿易收支出現逆差，匯率不斷上升。

1986年韓國的貿易收支首次從逆差轉為順差。當時美國利率下降，世界各國傾向維持低利率，國際油價也維持穩定，加上剛好是在《廣場協議》（Plaza Accord）簽訂之後，美元貶值、日圓大幅升值，韓元價值被低估，日圓對韓元匯率大幅上升。這些事情為韓國的出口品帶來價格競爭力，韓國終於在經濟發展過程首次取得貿易順差。1986年韓國貿易順差約31億美元，低油價、低利率、低美元價格的「三低」環境一直維持到1989年，韓國也連續四年維持貿易順差。持續的貿易順差讓匯率逐漸下降，1986年美元兌韓元匯率平均約881韓元，1989年下降到671韓元。

一直到1990年代中半為止，韓國的匯率主要由政府管制。每個時

期韓國政府管制匯率的目的都不相同。1960年代韓國尚屬於落後國家，非常需要美元，所以政府積極引導韓元貶值，使匯率上升，藉此增加出口，利用出口賺取美元，才能進口必要物資，使經濟得以發展。

這段期間韓國政府直接公告匯率，直到1990年3月2日改採市場平均匯率制度，韓國的外匯市場才開始依照需求與供給的價格機制運作，匯率每天都會波動，但是韓國政府限制波動範圍，避免匯率變動過大，適時干預外匯市場。

匯率上升就是韓元貶值。一國的貨幣貶值通常代表該國經濟衰退，但是對韓國而言，匯率對經濟發展造成的效果遠大於經濟發展對匯率的影響，所以「韓元貶值→匯率上升→出口增加→經濟發展」的關係非常顯著。1960年代韓國平均每人國民所得僅100美元，不為其他國家關注，就算韓國政府不斷讓匯率上升，世界各國也毫不在乎。一國政府介入外匯市場、刻意讓匯率維持在本國貨幣貶值的水準，必須是該國還處在經濟低度發展時才可能發生。

國民所得10,000美元時代的風險

從1986年起的三低環境結束之後，1990年韓國又恢復貿易逆差，而且愈往1990年代後期逆差規模愈大，1996年貿易逆差金額逾200億美元。一國政府面對貿易收支持續處於逆差，通常會讓匯率上升，才能提高出口商品的價格競爭力，但當時的韓國政府卻堅持維持低匯率。因為低匯率可讓韓元價值被高估，以美元換算的國民所得可因此提高。基於

美元兌韓元匯率走勢

（單位＝韓元）

亞洲金融風暴

全球金融海嘯

—— 美元兌韓元匯率

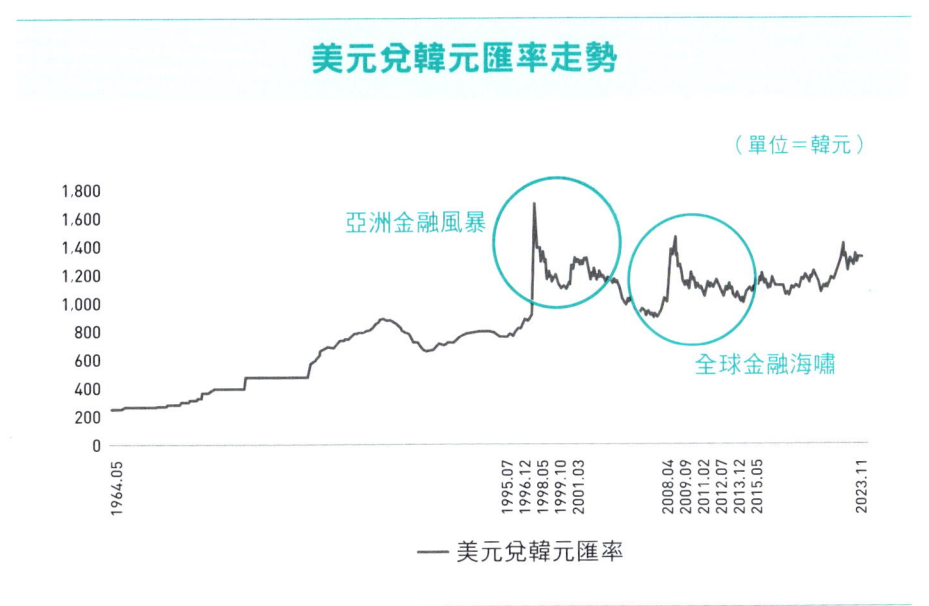

資料來源：韓國銀行　　　　　　　　　　　　　　　　　　＊月平均匯率

這個原因，1990年代匯率一直維持在700至800韓元之間，而韓國的平均每人國民所得也終於在1994年超過10,000美元。

在韓國國民所得超過10,000美元之後，情況開始不同。外國不再將韓國視為落後國家，尤其是在1986年三低的環境之下，韓國出口規模大幅成長，1988年美國將韓國列為匯率操縱國。換句話說，美國不再放任韓國政府干預匯率刺激出口成長，正式對韓國發出警告。

在韓國國民所得超過10,000美元隔年，1995年韓國的出口金額突破1,000億美元，成為名副其實的開發中國家，外國對韓國的牽制也變得更多，彷彿用顯微鏡放大檢視，觀察韓國政府是否依然干預外匯市場。此

時的韓國就算面對貿易逆差，也無法利用匯率增加出口，國家之間的競爭與韓國的貿易逆差為1997年亞洲金融風暴埋下伏筆。

25 假如外匯管理失敗,對韓國經濟有何影響?

　　足球比賽要如何獲勝?很簡單,只要進球多就能獲勝。如何能讓足球比賽不輸?答案一樣很簡單,只要不讓對方進球就不會輸。在國際足球明星之中,韓國選手孫興慜是球隊想贏球不可或缺的選手,這樣的策略是否能直接複製到經濟競賽?在提高生產力、增加出口規模等經濟競爭之中,獲勝的方法有很多,但是不輸的方法是什麼呢?用一言以蔽之就是穩住匯率。雖然穩住匯率無法在經濟競賽之中獲勝,如果無法穩住匯率,最後肯定會失敗,歷史就是最好的證明。

　　1996年是韓國經濟發展史上很特別的一年。當時全球大環境對韓國不算友善,美國從1994年2月開始實施升息的緊縮政策,原本基準利率是3%,1995年6月上升到6%。只要美國的利率上升,就會吸引散布在世界各國的美元回流美國,造成新興國家的外匯市場不穩定。1995年韓國的貿易收支是嚴重逆差,1990年代初期逆差金額約40億美元,1995年貿易逆差超過100億美元。貿易逆差的情況變嚴重,表示流入韓國的美元減少,匯率自然就會上升、韓元貶值。但是韓國政府為了在國民所得

方面求得表現，干預外匯市場不讓匯率上升，造成1996年貿易逆差激增到200億美元。

國際上的高利率與韓國本身的貿易逆差打擊了韓國經濟。1994年韓國的實質成長率高於9%，1995年減少為7.9%，1996年更滑落到6.2%，經濟成長率不斷衰退。雖然從絕對數字來看，這樣的經濟成長率不算太差，衰退速度卻是問題。發展良好的經濟只要開始衰退，從外匯市場就能看出端倪，當時韓國的金融環境正以飛快的速度轉壞。

當時韓國政府為了刺激金融市場，大量授權成立「綜合金融公司[13]」。綜合金融公司的員工人數雖然沒有銀行多，一樣可以收取客戶的錢，辦理各種信用貸款，韓國政府甚至允許綜合金融公司辦理外幣借貸業務，綜合金融公司因而獲得「金融百貨公司」的稱號。綜合金融公司的眾多業務之中，利用海外短期資金對韓國企業長期放款的獲利非常豐厚。因為長期利率遠高於短期利率，綜合金融公司先在海外進行短期借款，再把資金長期借給韓國企業，從中賺取利息收入。1990年代初期，韓國只有六家綜合金融公司，1994年新增九家，1996年又增加十五家，短時間內突然就有三十家綜合金融公司。

由於取得政府授權成立的綜合金融公司短時間內大量增加，業者之間的競爭相當激烈。然而綜合金融公司的營運方式只適合景氣好的時候，隨著韓國的經濟轉壞，先前借款給綜合金融公司的外國金融機構紛

---

13 譯註：綜合金融公司是韓國金融機構的類型，除了證券中介與保險之外，幾乎可辦理所有的金融業務。第一家綜合金融公司在1976年4月成立，最後一家綜合金融公司在2024年8月解散，目前已無綜合金融公司存在。

紛要求回收資金。如果綜合金融公司向國外借錢的期間與在國內把錢借給企業的期間相同，不至於有太大問題，綜合金融公司可以回收國內放出的款項還債。但是綜合金融公司在韓國是對國內企業收取高利率提供長期貸款，韓國企業沒有義務立即還款，綜合金融公司獨自承受對國外還款的壓力。消息傳到國外，國外的金融機構更急著想回收資金，周轉不靈的綜合金融公司最後只能舉白旗投降。

　　無計可施的綜合金融公司不得不積極要求韓國企業還款，然而企業的成長趨緩、貿易逆差擴大，加上綜合金融公司拚命催收，情況雪上加霜。尤其當時韓國企業營運都是以最高額度申請貸款，影響程度更大。1997年1月韓寶鋼鐵（Hanbo Steel）宣布破產之後，三美集團（Sammi Group）、真露集團（Jinro Group）、三立食品（SPC Samlip）、大農集團（Dainong Group）、韓信工營集團（Hanshin Engineering & Construction Go.）、起亞集團（KIA Group）等知名大企業也接連宣布破產。企業倒閉無法還款，提供資金的綜合金融公司財務狀況自然也不會健全，綜合金融公司繼續向其他尚未倒閉的企業追討資金，變成一連串的惡性循環，將韓國經濟推入深淵。

死守匯率的高牆終於倒塌

　　此時韓國的實體經濟與金融環境已經轉壞，國際上卻發生將韓國捲入亞洲金融風暴的決定性事件——泰銖價值重貶。1990年代初期，泰國採用固定匯率制度，因為外國資本大量流入泰國，泰國經濟出現泡沫，

實體經濟逐漸惡化。外國投資人察覺到這一點，開始將資金撤出泰國。

外匯市場上泰銖的需求減少，其他國家貨幣的需求增加，造成泰銖貶值，雖然貶值幅度屬於正常水準，但是泰國政府堅守固定匯率制度，動用大量外匯存底欲使匯率穩定，結果卻不如預期，最後只是耗盡所有的外匯存底。1997年7月泰國宣布放棄固定匯率制度，改採浮動匯率制，泰銖嚴重貶值，泰國經濟跟著崩潰，必須接受國際貨幣基金的金融援助。泰國爆發經濟危機後，危機以類似的方式傳播到馬來西亞、印尼、菲律賓，韓國也未能幸免。

就在東南亞浮現金融危機的徵兆時，韓國在外匯市場被投機勢力鎖定。當時美國金融公司JP摩根用超過10億美元投資泰銖，其認為如果泰國能堅守固定匯率制度，泰銖幾乎沒有匯率變動的風險。後來JP摩根從泰國的經濟情況與外匯收支發現，泰國很難繼續維持固定匯率制度，泰銖很可能會大幅貶值，讓自己產生極大損失，於是推出名為總報酬交換（TRS, total return swap）的衍生性金融商品，對SK證券（SK Securities）等韓國金融機構銷售。總報酬交換是總報酬支付方把某項標的資產的損益賣給總報酬收受方，以JP摩根與SK證券的泰銖總報酬交換為例，就算泰銖是由JP摩根持有，泰銖價值變動造成的報酬與損失都屬於SK證券。

韓國金融機構沒料到泰銖竟然會重貶，在泰國政府放棄固定匯率改採浮動匯率制後，泰銖價格暴跌產生的損失都算在韓國金融機構身上。許多韓國金融機構因為泰銖總報酬交換陷入危機，影響韓國的金融市場與外匯市場。原本韓國的經濟表現就每況愈下，現在連金融市場、外匯市場也動盪不安，讓韓國的匯率飆升。1997年1月美元兌韓元匯率是849

韓元，同年9月匯率高於900韓元，同年11月更飆破1,000韓元。

　　韓國政府利用外匯存底試圖穩定市場。1996年韓國年均外匯存底還有327億美元，1997年快速減少，最後甚至用盡。儘管韓國政府為了償還外債及穩定外匯市場，動用了全部的外匯存底，國外對於還債的要求愈演愈烈，匯率也急速上升。1997年12月匯率上升的速度加快，12月23日美元兌韓元匯率收盤價飆到1,962韓元，不到一年匯率已經加倍，韓國政府再也無力支撐，外匯存底剩下不到幾十億美元。1997年12月24日韓國正式向國際貨幣基金提出金融援助申請，1997年12月25日國際貨幣基金決定提供援助，韓國經濟進入國際貨幣基金的監管體系，也就是國家破產的狀態。

　　現在才對已經發生的歷史做假設（if）沒有太大意義，但是如果當時韓國的貿易收支穩定，或者有穩健的經濟基本面，又或者美國沒有採取高利率政策，結果會如何呢？如果綜合金融公司沒有向國外進行大量外幣借款，大企業不依靠龐大的負債經營，泰銖貶值的危機沒有擴散到韓國，是不是就不必向國際貨幣基金求援？1997年適逢韓國的總統選舉，雖然從年初就一直有人警告可能會發生經濟危機，但韓國政府總以「經濟基本面非常穩定」帶過。如果韓國政府能早一些意識到危機浮現，提早擬定因應對策，事情應該會有不同的結果。然而結果總是事與願違，一切都朝不好的方向發展，在諸多原因加總之下，韓國真正爆發經濟危機。

　　這個事件帶來的教訓是匯率。當韓國經濟遭遇一波又一波的考驗時，最後一根支撐的稻草是匯率，如果連匯率也倒下，經濟就會全面崩

潰，亞洲金融風暴充分展現匯率對韓國經濟的重要性。在國際貨幣基金的監管之下，韓國政府放寬各種與經濟發展有關的外匯限制，以償還國際貨幣基金的援助款項為優先，進行大規模結構調整，利率也上升到20%，有很長一段時間維持著高利率。接受國際貨幣基金援助的代價很高，當時排名在韓國前三十的大企業之中，大宇（Daewoo）、雙龍（Ssangyong）、東亞（Dong Ah）等十一家企業宣布破產，1998年韓國的經濟成長率是-5.1%。

當時韓國民眾為了幫助國家取得外匯，捐出自己家裡的黃金飾品，讓韓國政府能變賣黃金取得美元。幸運躲過破產危機的企業趁匯率大幅上升之際，利用出口競爭力帶動韓國出口規模成長。在全體國民的努力之下，一度逼近2,000韓元的美元兌韓元匯率終於在1998年底下降到1,200韓元，韓國的經濟開始能喘息。2001年8月23日韓國還清國際貨幣基金提供的援助款項，比原訂時間提早三年脫離國際貨幣基金的監管體系。

26 全球匯率戰爭是「魷魚遊戲」

　　韓國政府平常為了維持出口競爭力，會讓匯率維持在適當水準，確保外匯市場穩定。不過只要一有危機來襲，這些努力就會化為泡影。因為世界各國為了維持本國的貨幣價值穩定，進入了傳遞炸彈遊戲般的局面，在這個過程中，無法即時應對的國家就不得不向國際貨幣基金請求援助，或者面臨政府破產的風險，就算能幸運躲過這樣的結局，該國經濟也免不了會受到重創。這種外匯市場的真實情況讓人聯想到前陣子在網飛（Netflix）熱播的影集《魷魚遊戲》（*Squid Game*）。

　　韓國面對的貨幣戰爭遊戲規則如下。當美國或其他國家的經濟遭受衝擊，國際金融市場的美元流向會產生變化。美國可利用發行美元或回收美元解決問題，幾乎不會受到外匯市場的衝擊影響，但是其他國家卻因為必須管制美元流動而疲於奔命，例如：以升息政策防止美元大舉流出、必須干預外匯市場使匯率穩定。

　　國家經濟基本面與外匯市場的匯率脫節時，就會被活躍在世界各地的投機勢力鎖定。舉例來說，A國的貨幣價值明顯被高估，投機勢力

某甲不斷買進A國貨幣，使A國貨幣價值繼續膨脹，某甲在A國貨幣價值泡沫化的前一次性大量賣出離開市場。如果某甲攻擊A國未果又不想停手，便會迅速轉向其他國家，四處試探之後發現B國的金融防線有弱點，某甲就會咬住B國不放。一國政府若想跟這些投機勢力對抗，唯一方法就是堅持下去，即便情勢相當危急也絕對不能放棄，政府必須在投機勢力明白不可能嘗到甜頭之前設法生存下來。

1997年發生亞洲金融風暴之後，2008年韓國經濟又因為全球金融海嘯再次捲入貨幣戰爭。這次危機是由美國開始，美國的金融機構大量提供住宅擔保貸款，引起房價上漲，之後又增加放款，在市場上形成泡沫，但是泡沫破裂後房價暴跌，反過來對金融機構造成影響。美國的金融機構為了確保資金流動性，積極催討貸款欲回收資金，市場出現嚴重的「信用緊縮」，造成資金短缺，成為全球金融海嘯的導火線。美國政府為了收拾殘局，將基準利率調降到零，對市場大量釋放資金。

2008年全球金融海嘯雖然是由美國內部的問題引起，影響範圍卻擴及全世界，為何會一發不可收拾？因為美元散布在世界各地，同時也是國際準備貨幣，許多國家為了維持本國外匯市場穩定而大量持有美元。當美國發生嚴重的美元短缺，美國政府可以釋放更多美元解決問題，也能從世界各國回收美元。2008年全球金融海嘯爆發時，就是發生這個狀況。只要有哪個國家的美元回流美國，該國經濟就遭受重擊，韓國也是如此。

根據韓國銀行統計，2008年9月至12月從韓國流出462億美元。一國在短時間內流出大量美元，會造成匯率急速上升。2008年8月底美元

兌韓元匯率是1,090韓元，同年10月上升到1,467韓元，短短兩個月內上升超過400韓元，讓韓國的外匯管理拉警報。當時包括英國在內，有許多國外媒體認為韓國會再次發生金融危機，儘管2008年韓國的經濟並無特別問題。2007年韓國貿易順差有150億美元，外匯存底高於2,600億美元，經濟成長率也有5.8%，各方面都屬於良好水準，跟1997年爆發亞洲金融風暴時，企業負債增加、貿易逆差擴大的情況完全不同。

但是就在被外國媒體點名為金融危機高風險後，韓國的情況立即改變。首先是匯率大幅上升，讓韓國的經濟開始緊縮，2008年貿易收支出現130億美元逆差，經濟成長率也衰退。2007年KOSPI股價指數還高於2,000點，2008年10月下跌到剩下900點。雖然生產、消費、出口等經濟基本面都沒有特殊問題，外匯大量撤出韓國造成外匯市場動盪，匯率變動過大也會對經濟造成衝擊，這是2008年全球金融海嘯帶給大家的教訓。

2008年10月韓國與美國簽署300億美元的韓美換匯協定，對韓國外匯市場是很重要的事件。換匯協定是韓國與美國在必要時候，可以用本國貨幣與對方貨幣交換，站在韓國的立場，如同多了一個額度為300億美元的預借現金帳戶。在韓國宣布已與美國簽署換匯協定後，當天的美元兌韓元匯率從1,427韓元下降到1,250韓元，一口氣下降多達177韓元。前一次匯率在一天之內下降超過100韓元是1997年亞洲金融風暴之後。韓美換匯協定等於在告訴全世界，韓國已經取得需要的美元，有穩定市場心理的效果。

可惜後來投機勢力持續猖獗，導致美元兌韓元匯率在2009年3月底

前都像搭雲霄飛車一樣上上下下。當時韓國除了與美國簽署換匯協定，另外也與中國、日本分別簽署換匯協定，展現穩定外匯市場的強大決心，只是一直到2009年4月韓國外匯市場才真正恢復穩定。簡單來說，在2008年10月至2009年3月將近半年的期間，韓國外匯市場相當不穩定，時時刻刻擔心會發生第二次金融危機。

美國向世界各國下令回收美元

韓國雖然成功脫離危機，但是墨西哥、哥斯大黎加、瓜地馬拉等南美洲國家，冰島、匈牙利、羅馬尼亞等歐洲國家就沒這麼幸運，未能成功抵禦這一波全球金融海嘯，必須向國際貨幣基金求援。除了美國之外，任何國家的金融都可能遭受嚴重打擊，這是全球金融海嘯帶給大家的教訓。這麼說雖然顯得自私，如果當時這些國家都以各自的方式成功挺過衝擊，這個衝擊就會移轉到其他國家。簡單來說，有可能是因為韓國成功穩住外匯市場，才讓這些國家受到衝擊；如果當時這些國家成功防禦，韓國可能就無法順利脫離危機。

新冠肺炎疫情大爆發後，全世界的外匯市場動盪不安。雖然全球金融海嘯已經過了十幾年，不過這次市場變化跟當時非常類似，一樣是從美國而起。美國為了克服疫情造成的衝擊，釋放出非常多美元，因而造成物價上漲，於是從2022年開始升息。2022年2月美國的基準利率是0.25%，2023年8月上升到5.5%，在一年半之內總共調升了21碼（1碼＝0.25個百分點），甚至還曾經多次宣布升息3碼。

美國宣布升息一事等同於對全世界下達回收美元的命令，在各國的外匯市場引起騷動，再次上演由美國擔任導演兼主角的「魷魚遊戲」。巴基斯坦、斯里蘭卡等國家承受不住美國緊縮政策的衝擊，宣布國家破產，南美洲的阿根廷將基準利率調升到133%，歐洲的土耳其也把利率調升到50%，企圖阻止美元外流，韓國的基準利率也上升到年利率3.5%。世界各國為了成功設下最後一道防線，紛紛跟著升息。

　　韓國在這次經濟危機的狀況比1997年亞洲金融風暴與2008年全球金融海嘯都更穩定，2023年底外匯存底超過4,200億美元，美元流動性比以往都高。

　　雖說如此，還是有其他風險因素。首先是貿易收支。2008年韓國的貿易收支是逆差132億美元，2009年至2021年也持續維持貿易逆差，2022年貿易逆差增加到478億美元，2023年也有貿易逆差103億美元，且美元兌韓元匯率上升到接近1,400韓元。換句話說，2022年與2023年匯率已經對韓國外匯市場發出警報，所幸進入2024年之後，貿易收支轉為順差，在貿易方面總算可以稍微鬆一口氣，這樣的趨勢必須維持才能安心。

　　此外，國家財政也是一項風險因素。國家的財政狀況是決定國家信用評等的重要條件，韓國的財政收支從2019年起一直都是赤字，國家負債不斷增加。這是導致財政情況轉壞、造成國家的信用等級降低的因素。這一點從信用違約交換（CDS, credit default swaps）溢價（premium）變動就可看出。CDS是一種衍生性金融商品，當發行債券的企業或國家債務違約時，買方可透過對賣方支付一定的溢價取回本金。舉例來說，

假設某甲持有韓國國債，並且向第三方金融機構A購買以此為標的的CDS合約，對A機構支付溢價（也稱為保費）。當韓國無法履約清償債務時，某甲可從A機構回收投資的國債本金。當CDS溢價上升，表示市場擔憂韓國無力還債的可能性高。2021年9月韓國的CDS溢價是0.1%，2022年10月高於0.7%，雖然2024年下降到0.3%，表示全球市場還在密切觀察韓國的發展。2008年韓國在生產、消費、出口等經濟基本面皆沒有任何問題，只因為外界認為有外匯逃離的可能性，就讓韓國經濟大受打擊，所以各國持續關注韓國財政狀況的現象也不能輕忽。

　　如果全球金融市場陷入危機，最重要的是在危機之中求生存，就算本國受到巨大衝擊，只要能成功防禦挺過危機，這個危機就會移轉到其他國家。決定生死的過程很簡單。投機勢力就像追逐血腥的鬣狗，如果外在衝擊造成本國的經濟基本面，市場上的投機勢力會更猖獗。在投機勢力得利之前，只有任何一國舉雙手宣布投降，這一局才會告終。以往要在大家都受傷、有人陣亡、驚訝事情始末的時候才會意識到有鬣狗，現在只要鬣狗開始撕咬，美國以外的所有國家都無法安心，這就是「外匯市場的魷魚遊戲」。

| 第5章 |

對美元霸權的挑戰與限制

27 中國以人民幣挑戰美元霸權

匯率主要反映一個國家的經濟基礎實力,也會受該貨幣在全球市場通用的程度影響。如果一國貨幣在全球市場建立了很穩固的基礎,該國匯率變動的可能性就會降低,成為許多國家接受的安全貨幣,甚至成為國際準備貨幣。中國在商品經濟領域急起直追,幾乎快追上美國,但在金融領域卻遭遇瓶頸。中國共產黨與領導人清楚意識到美元霸權在全世界的威力,也明白只要中國的競爭力增強,美元霸權對人民幣的牽制也會增多。

美國與西方國家刻意牽制人民幣最直接的印證,應該是在國際貨幣基金的特別提款權一籃子貨幣分配上。特別提款權(SDR)是國際貨幣基金在1969年建立的制度,作為會員國持有貨幣的請求權。當會員國遭遇匯率變動過大或發生外匯流動性危機等特定狀況時,可利用特別提款權取得外匯。特別提款權早期由美元、歐元、日圓、英鎊組成,依照當時主要已開發國家的經濟實力決定組成比例。2007年中國的GDP超越德國,排名全球第三,2010年更進一步超越日本,排名全球第二,中國持

續要求國際貨幣基金將人民幣也放入特別提款權的一籃子貨幣。

一直到2016年10月中國才如願，但是人民幣在特別提款權一籃子貨幣的比例卻遠低於中國占世界經濟規模的比例。2022年國際貨幣基金雖然將美元的比率調升為43.38%、將人民幣調升為12.28%，依然未真實反映中國的經濟規模。如果加上日圓（7.59%）與英鎊（7.44%），美國與主要已開發國家還是占據絕大部分。近幾年美國與中國各自結盟，對立愈發鮮明，中國在國際經濟組織也遭遇更多限制。中國幾乎無法突破以七大工業國（G7）為主的先進國家的壟斷（cartel）結構。

第二次事件是Meta（原Facebook）發表推動Libra全球數位貨幣的構想。Libra計畫（Libra Project）是以區塊鏈為基礎發行穩定幣（stablecoin），在全世界都能匯款與支付。如果當時Facebook、WhatsApp、Instagram等社群軟體的使用者都使用Libra幣，有可能已經改變全世界的支付市場。馬克・祖克柏（Mark Zuckerberg）最初設計Libra幣的準備金時，根本沒把人民幣納入一籃子貨幣。祖克柏設計的一籃子貨幣由美元50%、歐元18%、日圓14%、英鎊11%與新加坡幣7%組成。由於美國國會和美國政府不容美元霸權受挑戰，在國會和政府的強烈反對之下，Libra計畫最後無疾而終。但Libra計畫沒把人民幣納入一籃子貨幣，等於告訴世人數位世界也不歡迎人民幣。這件事情成為中國積極試辦數位人民幣的其中一個背景。

本國利益優先的匯率政策

在談數位人民幣之前必須知道，雖然中國採行社會主義經濟，但中國也和其他國家一樣，把維持本國貨幣穩定作為重要的施政目標，只是作法不同，匯率制度採取管理浮動匯率制（managed floating exchange rate system）。管理浮動匯率制是進入自由浮動匯率制的前一個階段，政府會視情況干預外匯市場，適當操縱匯率。中國人民銀行每天上午固定公布前一天主要貿易對手國對人民幣匯率的收盤價，作為當天官方匯率基準，有美元兌人民幣、歐元兌人民幣、日圓兌人民幣等主要國家貨幣的匯率，還有韓元、香港、澳大利亞、新加坡、馬來西亞等國。

中國的匯率政策是「階段性」對外開放，並且「自律」推動。當經濟發展需要鼓勵出口、抑制進口時，中國也會依照國際經濟環境在固定匯率制與管理浮動匯率制之間彈性調整。1979年中國改革開放之後，維持人民幣匯率穩定成為重要的政策目標，為了吸引外資流入，並且讓中國製造的產品更容易出口，必須將人民幣匯率維持在較高水準。中國在改革開放初期實施雙重匯率制，為了增加出口，在國際貿易與非國際貿易採用不同的匯率，兩種匯率曾經相差接近一倍。1993年6月底，中國在國際貿易採用的公定匯率（官方匯率）是1美元兌人民幣5.7元，在非國際貿易採用的市場調節匯率是1美元兌人民幣10.8元。1980年代初期，公定匯率是1美元兌人民幣1.50元，1993年底人民幣曾經貶值到1美元兌5.82元。

公定匯率與市場調節匯率的差異助長黑市發展，引發嚴重的負面影

人民幣匯率走勢

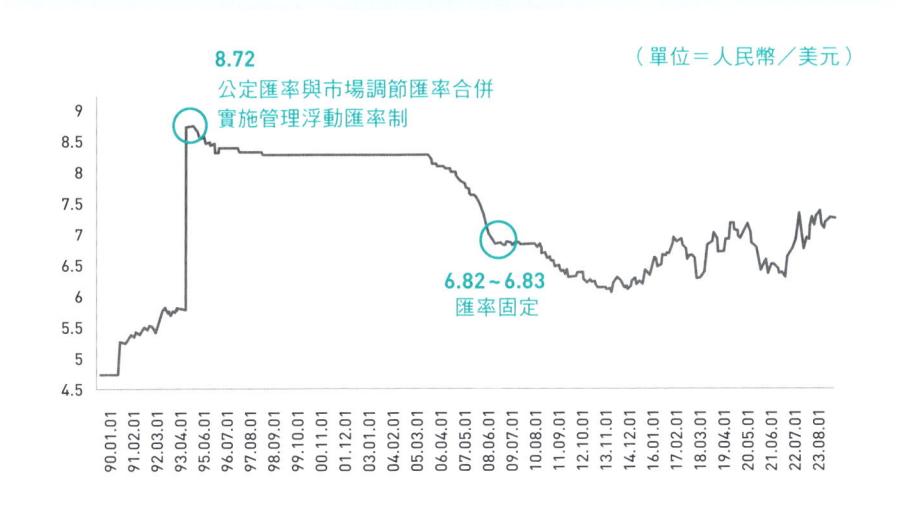

（單位＝人民幣／美元）

- 8.72：公定匯率與市場調節匯率合併 實施管理浮動匯率制
- 6.82～6.83：匯率固定

資料來源：investing.com

響。1994年中國決定將兩種匯率合併，實施管理浮動匯率制。此時的匯率反映了一部分市場匯率，因此匯率由人民幣5.82元上升到8.72元，上升幅度接近50%。不過在1997年9月亞洲金融風暴來臨前，美元兌人民幣匯率下降，人民幣升值。亞洲金融風暴發生後，人民幣貶值的壓力增加，中國回到1美元兌人民幣8.28元的固定匯率制度，順利度過這場金融風暴，不像韓國、泰國、馬來西亞、菲律賓等國遭受嚴重影響。中國的經濟發展通過了第一次危機考驗，成為後來發展速度超越其他亞洲國家的關鍵。

隨著中國對美國的經常帳順差達到1,500億美元，美國國會認為應

該對中國課徵報復性關稅（retaliatory tariff），並且要求人民幣升值。2005年7月美元兌人民幣匯率從8.28元下降到8.11元，人民幣升值幅度為2.1%，中國從固定匯率制改為管理浮動匯率制，2007年5月中國將匯率浮動範圍從0.3%放寬到0.5%。後來人民幣升值對出口企業造成壓力，中國再次將美元兌人民幣匯率固定在6.82至6.83元。美國發生次級房貸風暴演變成全球金融海嘯時，中國以固定匯率的方式因應，順利度過危機。2010年美國與西方先進國家點名中國是造成全球市場失衡的根源，開始對中國施壓，中國再次由固定匯率制恢復為管理浮動匯率制。2012年4月中國將每日匯率浮動範圍從0.5%放寬到1.0%。

中國不斷在固定匯率制與管理浮動匯率制之間來回，讓匯率制度看起來很複雜，其實中國的目標只有一個，就是保有自主的匯率政策，可依照不同發展階段對實體經濟提供適當的金融支援。中國的銀行界以五大國有銀行為主，資本市場大致上也依照共產黨的政策目標與計畫運作。就算美國等西方先進國家要求中國改善貿易失衡、減少政府補貼，中國也不予理會，只依照自己的步調行動。中國想盡可能避免受外界施加的壓力影響，對西方陣營的牽制措施保持高度警覺，並且仍然堅守自己排定的「時間表」。

數位人民幣與石油人民幣策略

中國的經濟實力雖然足以跟美國合稱G2時代，但在國際貿易與資本交易方面，人民幣所占的比重仍然偏低。全世界有超過一萬家銀行在

SWIFT清算的貨幣比重

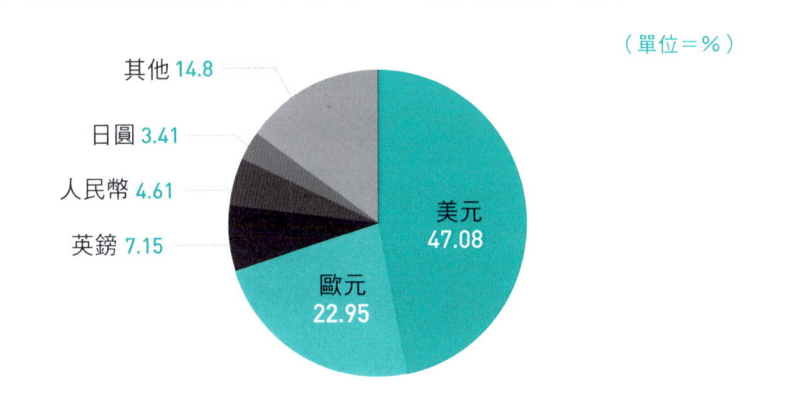

（單位＝％）

- 美元 47.08
- 歐元 22.95
- 英鎊 7.15
- 人民幣 4.61
- 日圓 3.41
- 其他 14.8

資料來源：SWIFT，2023年11月

跨國清算方面採用環球銀行金融電信協會（SWIFT）的系統，幾乎所有國家的銀行都在SWIFT系統取得編碼，利用SWIFT網路完成清算。2023年11月SWIFT清算的貨幣之中，美元占47.08%、歐元占22.95%、英鎊占7.15%，人民幣以4.61%超越日圓排名第四，但是整體比重依然很低。

中國從以前就知道西方陣營一直試圖牽制人民幣，所以不斷研擬策略，期望也能擁有全球金融影響力，發展數位人民幣（e-CNY）則是最重要的策略。在數位支付領域裡，中國希望先占市場，目前已在主要城市開放使用數位人民幣。數位人民幣的概念是把鈔票「數位化」存進智慧型手機，以手機裡的智慧錢包支付。使用者只要開啟數位人民幣的行動應用程式（app），就會出現印有毛澤東照片的鈔票圖片，面額從人民

幣1元到100元，支付時將手機靠近收款設備，儲值時可選擇連結銀行帳戶。只要中國人民銀行以商業銀行的存款準備金為基礎，就能以一比一的比例發行數位人民幣，商業銀行再把數位人民幣發放給個人帳戶與法人帳戶。由於中國人民銀行與商業銀行共享客戶資料，所有過程都由中心化管理系統負責，跟區塊鏈追求的去中心化（decentralization）不同。先前中國已成功跳過信用卡的階段，從實體鈔票直接進入以智慧型手機掃描QR碼支付，這項經驗應有助於加速數位人民幣發展。

此外，中國與泰國、阿拉伯聯合大公國共同合作mBridge跨境支付計畫，實施央行數位貨幣（CBDC, Central Bank Digital Currency）制度。這項制度的目的是建立以單一平台連結多國數位貨幣的跨境清算系統，解決長久以來SWIFT系統被詬病的缺點，例如：交易成本高、速度慢、操作方式複雜等，期望CBDC能作為SWIFT系統的替代方案。mBridge跨境支付計畫由中國人民銀行與香港金融管理局共同推行，韓國也有意引進CBDC，目前以觀察員的身分參與。

SWIFT系統存在的問題讓許多國家深有同感，中國正在建立另一套跨國支付系統CIPS。人民幣跨境支付系統（CIPS）是Cross-border Interbank Payment System的縮寫，有不少人誤以為英文全名是China Interbank Payment System，運作方式與內容幾乎跟SWIFT無異。中國雖然在跨境支付使用SWIFT系統，同時也讓CIPS系統並行。CIPS的支付規模相對小，而且是以人民幣的交易為主，但是參加的銀行與交易金額逐漸增加。2024年6月CIPS的直接參與成員有148個，以中國的金融機構為主，間接參與成員有1,396個。間接參與成員之中有564個來自中國，

亞洲地區包含中國在內有1,044個，歐洲有238個、非洲有52個、北美有24個、大洋洲有21個、南美洲有17個。CIPS的總部位於上海，根據CIPS公布的資料，目前有全世界184個國家共4,700家銀行參與CIPS系統。

離開數位世界之後，下一個必須探討的主題是石油人民幣。石油人民幣是中國在世界上推廣人民幣的另一項策略。以往美國與沙烏地阿拉伯利用石油美元協定，約定好沙烏地阿拉伯出口原油只能收美金，美國則會保障沙烏地阿拉伯的安全。但是在頁岩革命（shale revolution）之後，美國從石油進口國變成石油出口國，與中東的利害關係生變，中國因而有機可乘。2023年中國與沙烏地阿拉伯達成協議，中國進口石油的貨款可用人民幣貸款的形式結算。目前中國對俄羅斯、伊朗、委內瑞拉等國進行的原油交易已經使用人民幣結算，並且透過簽署貿易協定，增加人民幣計價的原油期貨交易。

中國的石油人民幣策略有機會成為人民幣邁向國際化的墊腳石。中國是世界最大的石油進口國，這一點對中國有利，不過若要做到以石油人民幣取代石油美元的廣泛通用，還需要許多時間，最主要的關鍵在於全球金融市場是以美元為中心運作。產油國的交易對象如果不是中國，最終還是必須使用美元，這會降低其他國家採用人民幣的意願。石油、天然氣交易以美元支付已是國際慣例，石油人民幣對美元的挑戰只能視為在這項國際慣例造成一條小小的裂縫。

中國引以為鑑的三個事件

中國加入世界貿易組織（WTO, World Trade Organization）之後，主打社會主義市場經濟，逐漸成為經濟大國。中國領導者並不認為過去五十幾年的經濟發展是「新發展」，覺得中國只是「重返」歷史上維持數千年世界第一的一段過程。最近幾年，中國領導者強調大中華主義，喊出中華經濟圈，某種層面是要與美國對抗，也帶有實現大國崛起的意味。2021年是中國共產黨創黨一百週年，2049年是中華人民共和國建立新中國的一百年，中國希望透過這兩個一百年登上世界第一經濟體。

在中國向前邁進的路途上，以人民幣取得符合中國經濟規模的金融霸權是一項重要課題。中國絲毫不掩飾推動人民幣取代美元的野心，為了達成這個願景，制定出多項制度以維持人民幣價值穩定，並且依照自己排定的時間表實施金融自由化。

中國故意跟美國選擇不同的路，對匯率的哪些方面最戒慎恐懼？金融市場會因為國內外環境有劇烈變動，推行資本主義體制以來，有許多危機反覆發生。市場參與者面對突然出現的外部變數動搖市場，心理上會因為「貪婪與恐懼」產生極大痛苦。所以中國在推動人民幣成為國際準備貨幣的過程，絕對會設法避免經濟不穩定與匯率波動。下面三個事件讓中國有所警惕。

首先從與匯率有直接關係的兩起事件談起。第一起事件是日本在美國的壓迫之下，與美國簽署《廣場協議》。當時美國面對著貿易逆差不斷擴大，要求日本與西德必須讓貨幣升值。日本原本是世界第二經濟大

國，正準備超越美國，卻因為《廣場協議》進入日圓急速升值的時代，引發股市與房地產泡沫，並且陷入長期經濟蕭條。這個結果雖然有部分原因來自於日本本身的政策失敗，不過日本從此失去超越、追趕美國的資格。

第二起事件是亞洲金融風暴，造成亞洲國家必須接受國際貨幣基金的「託管」。由泰銖引發的亞洲金融風暴在泰國、印尼、韓國等多個國家留下巨大創傷，美國利用國際貨幣基金引導這些國家出售財務狀況不佳的企業，實施極端的緊縮政策，並且以「國際標準」的名義迫使金融市場與資本市場全面開放。這個結果雖然讓韓國的經濟結構得以升級，但是所有過程都在外力壓迫下進行。中國努力維持金融系統穩定，並且持有龐大外匯存底，其實就是不想遭遇外部因素造成的「金融危機」。

第三個事件最近才發生。俄羅斯入侵烏克蘭之後，俄羅斯被逐出SWIFT清算系統。只要中國與美國的對立升高，美國把美元當武器的可能性就會提高。伊朗、北韓、俄羅斯已經受到SWIFT制裁，中國擔心下一個被制裁的就是自己。

該封鎖還是突破

以美國為首的西方國家陣營雖然還沒直接對中國實施制裁，不過已經把中國視為假想敵，正在從假設性的牽制朝「封鎖」發展。川普首度任期宣布對中國進行貿易制裁，並且對先進技術出口設限，拜登政府進一步把這些限制明訂為法案，美國人的反中意識升高。中國在國際會議

上主張自由貿易，美國卻公開談論美國優先與孤立主義（isolationism），明白表示不再容忍中國崛起的決心、對中國的不信任。中國與美國針對台灣問題的矛盾也是一項風險因素。美國與中國在台灣海峽、南海有利害關係衝突，如果衝突擴大為區域性，對中國也是一項負擔。

習近平的第三次任期是中國面對著全面封鎖時所選擇的一人獨裁體制，對外希望能有效因應外在壓力，對內由共產黨穩定民心，並且帶動經濟發展。中國高喊大中華主義，與鄰國、西方國家陣營有諸多摩擦，對中國是不利的外在條件。如果在美國的壓迫之下，中國喊出更強烈的中國夢與大中華主義，表示美國的施壓策略非常成功，其他國家會如何看待內部極度團結的中國，答案可想而知。中國愈常回應外界的牽制，黨中央就愈有理由採取強勢領導體制，但是中國若與鄰國頻繁發生摩擦，其他國家看待中國的眼光也會變得負面。薩德飛彈事件[14]之後，中國與韓國的關係就是一個例子。

就算這些事件都順利解決，還是有一些根本性的問題存在於中國內部。即便中國的經濟成長率可以維持在5%，只要美國的經濟成長率有2%至3%，中國GDP超越美國GDP的時間就會大幅延後。此外，中國房地產市場泡沫化、地方政府的負債問題不容易解決，黨國體制的政策

---

14 譯註：2016年韓國接受美軍協助，在韓國境內部署「終端高空防禦飛彈系統」（THAAD, Terminal High Altitude Area Defense），也稱為薩德飛彈。中國與俄羅斯反對這項飛彈部署，韓國主張這項軍事行動只是因應北韓的防禦措施，但中國認為薩德飛彈會對國土安全造成威脅，於是對韓國採取多項反制措施，包括禁止藝人演出、旅遊封鎖等，導致中韓關係迅速冷卻。

效率與連貫性已達到瓶頸,凸顯威權主義與體制僵化問題。共產黨紀律檢查委員會與國家監察委員會是中國最高的監察單位,這兩個單位腐敗頻傳也是根深柢固的問題。除此之外,中國有城鄉差距、貧富差距、臨海與內陸的差距等許多結構問題。加上中國長期實施一胎化政策,產生低生育率、人口高齡化等問題,也會使社會福利的成本增加。中國的人口紅利(population bonus)時代已經結束,進入了人口負債(population onus)時代,生育率下降使勞動人口減少,被撫養的人口增加,經濟成長趨緩。人口問題幾乎等於「未來已經決定」,無法在短時間內立刻解決。

　　一國的貨幣本質上只是一張紙,但政府賦予民眾可憑著該紙鈔進行交易的權力,使其成為法定貨幣,可以在該國國內流通使用。如果要讓一國的貨幣在其他國家也能不受限制一起流通,這需要有絕對的信任。倘若要更進一步讓一國的貨幣成為國際準備貨幣,該國除了經濟規模之外,國家的經濟運作方式、國家的影響力、政治是否安定、是否為法治國家、是否保障私有財產權等,必須以該國的整體力量作為基礎。除此之外,金融市場的發展與開放程度是否與實體經濟相當、資本是否自由流動等因素也是必要條件。

　　從這些面向來看,中國的實體經濟雖然足以跟美國並列G2,而且緊追在美國之後,但中國在金融領域的發展程度卻相當不足,加上決策過程僵硬,明顯受威權影響,利用數位科技侵犯隱私的問題也讓外國人提高戒心。美國雖然也標榜美國優先,也有民粹主義的傾向,相對之下,中國的大中華主義與共產黨中央集權體制更強烈。全世界正處於各國應

擴大對其他國家互惠關係的時代，中國在營造友好氣氛的方面明顯失敗。

中國希望有朝一日人民幣能在全世界上廣泛流通，各國計算匯率的時候，不是以本國貨幣與美元相比，而是與人民幣做比較，如同從世界第二大經濟體邁向第一、在國際貿易或資本交易都是人民幣主導的夢想一樣。因為這個夢想很遠大，無法一蹴可幾，所以中國先從金磚國家等區域為基礎，逐步擴大人民幣的影響範圍。

美國與中國的霸權之爭像是一場馬拉松，進入了長期抗戰，全球金融霸權的歸屬會決定兩個國家不同的命運。中國能否在全球金融市場利用人民幣超越美元，並且站穩腳跟，目前還不得而知。不過中國擅長長期抗戰，現在就斷定成敗絕對是言之過早。

28 金磚國家的共同貨幣構想

　　一個由投資銀行經濟分析師創造的名詞，後來成為國際經濟組織的名稱。金磚國家（BRIC）一詞出現在2001年，一篇由高盛分析師吉姆‧歐尼爾（Jim O'Neill）撰寫的報告書內容認為，新興國家對世界的影響力會增加，提醒大家必須注意逐漸成為經濟大國的中國、快速發展的人口大國印度，以及俄羅斯與巴西，一共四個國家。後來因為南非共和國加入，於是成為BRICS。美國與西方已開發國家陣營在經歷全球金融海嘯、歐洲主權債務危機之後，經濟規模縮減，新興國家之中的大國，在經濟、外交與國防方面聲量提高。

　　金磚國家的GDP占全球31.5%、人口占全球41%，借助中國強大的影響力成立國際組織。2014年新開發銀行（NDB, New Developing Bank）成立，對開發中國家的社會基礎設施計畫提供資金援助，角色類似美國主導的國際貨幣基金與世界銀行體系。中國發起成立亞洲基礎設施投資銀行（AIIB, Asian Infrastructure Investment Bank）支援一帶一路策略（中國的經濟與外交計畫，建立連結路上絲路經濟區與二十一世紀海上絲路的基礎建設與貿易網絡），未來可能還會加強與金磚國家連結。此外，中國也推動與俄羅斯、烏茲別克、哈薩克、伊朗、印度等國成立上海合

作組織（SCO, Shanghai Cooperation Organization），期望會員國之間有更多政治、軍事、經濟、文化領域的合作，抗衡與美國的對立局面。

金磚國家每年定期召開領袖會議，鞏固合作體系，也因為接收了新成員，組織擴大為BRICS Plus。2023年金磚國家接受沙烏地阿拉伯、伊朗、阿根廷、埃及、衣索比亞、阿拉伯聯合大公國成為新會員國，另外還有十多個國家已提出入會申請。不過阿根廷在新任總統哈維爾·米雷伊（Javier Milei）就職後，宣布撤回入會申請。

金磚國家早期就有意以新的「超強貨幣」取代美元，起因是2008年全球金融海嘯暴露出美國與西方陣營遭遇的瓶頸，而且也不想被美元左右。2023年巴西總統魯拉訪問上海時，強烈表達對美元的不滿，質疑在金本位制度之後，為何美元會成為國際貨幣，為何本國貨幣不能用在國際貿易的支付，為何所有國家都必須以美元進行貿易活動。

隨著美國把美元當作武器的頻率增加，國際上「去美元化」的行動也隨之增多。在伊朗與俄羅斯被踢出SWIFT國際清算網路之後，中國與其他也跟美國敵對的國家擔心淪為相同命運，構思推出新貨幣、建立新的清算系統。俄羅斯出兵烏克蘭而遭受SWIFT制裁之後，增加以人民幣進行國際貿易支付，並且改用中國推出的CIPS跨境支付系統。印度向俄羅斯進口原油時，以俄羅斯盧布與印度盧比作為結算貨幣。由東南亞十國組成的東南亞國家協會（ASEAN, The Association of Southeast Asian Nations）在經濟部長會議上，曾經針對區域內的國際貿易是否採用區域貨幣進行討論。這些都是國際上嘗試對抗美元武器化的表現，只是尚未具體實施。

人民幣成為金磚國家共同貨幣的機會有多大？在2023年金磚國家的會議裡，雖然有針對使用人民幣的議題進行討論，但是沒有明顯進展。中國已經在若干國家與城市建立以人民幣直接交易的市場及清算銀行系統，CIPS也能作為跨國清算的系統，人民幣的使用範圍逐漸擴大。不過要讓人民幣成為金磚國家的共同貨幣，必須要有會員國的直接參與、合作，印度長期與中國維持著緊張關係，能否接受人民幣體系就不得而知。

就算金磚國家決定在內部廣泛使用人民幣，要完全跳脫以美元交易的習慣，恐怕還需要一段不算短的時間。金磚國家的會員國很難強迫本國企業使用人民幣，且屆時美國肯定也會有新的因應對策。回想Facebook欲推動Libra計畫時，即便Facebook是美國企業，美國政府也毫不留情地防堵這項企業活動，只因為可能削弱美元霸權。

金磚國家是一個存在許多限制的協議組織，因為有中國與印度，經濟規模足以跟G7國家抗衡，但是會員國的凝聚力低，合作體系也不堅固。這些會員國並沒有共同的市場經濟和民主主義的價值觀，會員國之間也存在著複雜的利害關係，很難形成焦點。雖然會員國都反對美國霸權，光靠這一點不足以驅使各國付諸行動。

金磚國家的成員國各有不同的價值觀和目標，組織非常鬆散，也很少有明確的決策並付諸實行。但是在全球金融市場上，金磚國家依然占有非常高的比重，無法輕易忽視。短期內雖然不至於會發生，但是金磚國家作為對抗G7組織的經濟集團，將來會扮演何種角色依然值得關注。

29 多重人格的印度，是否為新崛起的國家

　　印度政府與國際貨幣基金曾經針對匯率制度有過爭論，因為2023年底國際貨幣基金發表印度經濟報告書，內容指責印度準備銀行（RBI，印度中央銀行）對外匯市場的干預程度超過維持市場穩定所需，並且把印度的匯率制度從浮動匯率制調整為釘住匯率制，讓印度準備銀行與印度財政部強烈反彈。這件事情的背景是2023年中，美元兌印度盧比匯率上升0.62%，盧比微幅貶值，匯率浮動範圍在1美元兌80.976盧比（2023年1月底）至83.333盧比（2023年12月初）之間。推測印度政府是為了降低通膨風險，因而干預匯率。

　　印度是繼中國之後，另一個大動作推動去美元化的國家，與孟加拉、斯里蘭卡、尼泊爾、不丹等邊境接壤的中東、東南亞鄰國利用盧比進行貿易的比例逐漸增加。這個現象有一部分原因來自於印度的意願，另一個重要原因是鄰近國家的外匯存底不足。

　　2023年8月印度與阿拉伯聯合大公國簽署當地貨幣支付協約，約定印度向阿拉伯聯合大公國進口石油的貨款可使用盧比支付。2024年1月

緬甸緬元與印度盧比簽署直接支付協議，兩國同意增加使用當地貨幣增進雙邊貿易，減少對美元的依賴，降低匯率風險。

印度也和中國一樣，積極開發、使用中央銀行數位貨幣（CBDC），名稱訂為數位盧比（e-Rupee），除了推動批發用CDBC與零售用CBDC試辦計畫，也持續發展程式化與增加離線功能，期望盡快進入商業使用。印度希望擴大金融包容性，為數位經濟奠定基礎，增加盧比的國際影響力。

2021年12月印度準備銀行組成跨部會小組，針對盧比的國際化進行討論，2022年7月發表印度盧比國際通商運作機制。印度不像中國，利用數位人民幣、石油人民幣、一帶一路、自主建立跨境清算系統等策略，積極推廣人民幣走向國際，而是採取低調的方式，只以鄰國為主，推廣用盧比進行國際貿易。先前提到印度準備銀行抗議國際貨幣基金對印度匯率制度的評價，原因可能是擔心盧比才逐漸成為區域經濟的結算貨幣，國際貨幣基金的評價會影響外界對盧比的信任。

印度有多重人格，也有諸多問題

印度在國際關係裡有著「多重人格」，由此可見印度的立場非常善變。2004年印度與美國、日本、澳洲組成四方安全對話（Quad），之後又參加由中國主導的金磚國家、上海合作組織。雖然美國與西方國家陣營正在對俄羅斯實施金融制裁，印度卻擴大向俄羅斯進口石油。因為俄羅斯遭遇西方國家制裁，生產的石油降價求售，印度剛好能藉機撿

便宜,減輕財政負擔,而且這麼一來印度的進口物價下跌,更有利於控制通貨膨脹。印度這些外交舉措都是為了獲取最大的國家利益。印度身為亞洲大國,除了帶領周邊國家,也與爭奪霸權的美國、中國合作、競爭、牽制,來鞏固國家地位,維護國家利益。

2022年印度總人口約14億2,862萬人,超越中國成為世界人口第一大國,人口組成以年輕人及尚未參與經濟活動的女性居多,英文為官方語言是一大優勢。2024年印度的經濟成長率超過6%,不但高於中國(5%),未來還可能繼續成長。2023年印度的GDP是3兆7,320億美元,2024年預計可達到4兆美元。國際貨幣基金公布的印度經濟報告書對印度的經濟發展潛力給予高度評價,認為印度政府對基礎設施與物流設施進行的公共投資、印度本身的龐大人口、數位經濟改革等方面,可帶動印度經濟成長。印度除了有印度理工學院(IIT, Indian Institute of Technology)等大學院校培育優秀的科技人才,遍布矽谷、中東、亞洲的全球網絡也是一項優勢。

不過印度若要超越中國,還有許多問題尚待解決。由印度總理莫迪(Narendra Modi)帶領的執政黨宣揚印度教民族主義,與伊斯蘭教等其他宗教產生嫌隙,種姓制度的遺毒與貧富差距也造成許多社會問題。此外,印度的資本市場與金融產業落後,存在許多金融弱勢族群;攸關國家長期發展的教育、醫療、勞動市場等總體面的改革還在起步階段。包容性與多元性是一國經濟發展最重要的基礎,這是歷史帶給世人的教訓。印度雖然是全世界最大的民主國家,但在經濟與金融領域要走的路還很漫長。

30 想在數位世界脫離美元的國家

　　史蒂夫・賈伯斯（Steve Jobs）推出 iPhone 手機之後，智慧型手機在數位世界帶來許多革命性的變化，其中一項是行動支付。許多先進國家除了現金交易、銀行轉帳／匯款、信用卡刷卡之外，已經進入行動支付的階段。新冠肺炎疫情爆發之後，交易結帳從人與人面對面進行發展成不必接觸的形式。少數新興國家的支付方式跳過銀行轉帳／匯款與信用卡刷卡，直接從現金交易進入行動支付，這是一種跳蛙模式（leapfrogging）。

　　國際間的商品、服務帳務結算必須以美元作為媒介，一國之內的帳務結算只要使用本國貨幣，數位支付系統是利用 App 進行結算。數位支付市場有許多支付系統，某種程度迴避了美元體系。假如各國的中央銀行數位貨幣（CBDC）能與數位支付系統結合，一國就算沒有美元，依然能用其他貨幣在國際上進行付款，會加速金融分化（financial fragmentation）。

　　在數位支付領域比例最高的支付方式莫過於中國的微信支付與支

付寶。中國為了在全世界對抗美國的FAANG[15]，建立了自己的BATH。騰訊推出的微信支付與阿里巴巴推出的支付寶幾乎包辦中國人的日常生活，這兩家業者正在嘗試在東南亞與韓國擴大市場。

　　印度發展統一支付介面（UPI, Unified Payment Interface）作為代表性的數位支付工具。UPI是免費的支付清算系統，由印度中央銀行成立的子公司在2016年所開發，因為在所有銀行帳戶之間都可以免費轉帳，普及速度很快。巴西中央銀行採用簡易支付平台PIX，不論是個人、企業或政府機構，只要利用特定金鑰，就能轉帳與支付。類似的系統還有肯亞的M-PESA，在非洲的市占率很高。

　　相對於美國與歐洲國家大都使用威士卡（VISA Card）與萬事達卡（Master Card）結帳，新興國家跳過了這個階段，所以在數位世界裡，新興國家與先進國家站在相同的起跑點。雖然美國也在籌備中央銀行數位貨幣（CBDC），是否真的會實施、實施後如何與數位支付連結，一切都還不明確。不過有一點可以確定，美國的數位支付政策勢必影響未來的金融霸權消長。

15　譯註：臉書（Facebook）、亞馬遜（Amazon）、蘋果（Apple）、網飛（Netflix）、谷歌（Google）。

31 把匯率與利率政策交給美國的國家

　　許多國家雖然都是主權獨立，但在金融方面卻像美國的經濟殖民地，因為這些國家讓本國貨幣價值完全與美元固定（掛鉤）。美元的價值從紐約、倫敦、巴黎、法蘭克福、香港、東京、首爾，繞地球一圈，二十四小時分分秒秒都在變動。如果一個國家將本國貨幣釘住價值即時波動的美元，自身匯率波動的可能性會減低。跟美元或已開發國家的貨幣相比，新興國家與小國的匯率波動性較高，所以選擇依靠美元的穩定性，將幣值釘住美元，如同把本國的貨幣政策全權委託美國聯準會。

　　當一國把貨幣價值與美元掛鉤，從美元指數就可觀察到該國貨幣的價值變化，但該國無法實施自己的貨幣政策，也不能調整利率、不能干預匯率。不過該國依然可以利用稅收來編列預算，推動國家計畫，也可以發行國債來籌措資金。國債利率會受一國的經濟基本面與經濟成長率影響。利率反映了不確定的風險因素，若一國的經濟成長緩慢或經濟衰退，如同償還國債的可能性降低，利率就會上升、國債價格下跌。一國把貨幣價值與美元掛鉤的情況類似歐元區的國家使用歐元，同時也把利

率決定權交給歐洲中央銀行。

港幣釘住美元，港幣的未來如何？

香港採用美元聯繫匯率制度。1997年7月香港從英國回歸中國，香港以特別行政區扮演中國對外的金融窗口。儘管中國發展深圳、上海的意志強烈，讓香港的金融地位不如以往，但香港依然與新加坡同為亞洲的金融中心。香港從1983年以來，匯率一直維持在1美元兌換港幣7.75至7.85元之間。

如果從香港曲折的匯率制度歷史來看，大家就不難理解一國的金融市場與該國的主權有多大關聯。香港在孫中山創建的中華民國初期使用中國銀元，在英國統治期間被劃入英鎊區（Sterling Zone，第二次世界大戰後，金融與經濟皆以英鎊為主的區域）。第二次世界大戰期間香港曾經被日本占領，日圓也一度成為香港的法定貨幣。戰後香港雖然再次回歸英鎊區，因為美元體制登場，於是採用釘住美元的聯繫匯率制度。1997年香港回歸中國，匯率制度並未改變，維持著釘住美元的聯繫匯率制度，過程雖然曲折，但是香港成功躲過亞洲金融風暴。

由於中美貿易戰仍然持續進行，香港的貨幣體制引起新的爭論，有些人認為香港應該從釘住美元的聯繫匯率制改為釘住人民幣。假如香港改採港幣釘住人民幣，會造成中國利用管理浮動匯率制調整匯率的困難。香港身為亞洲金融中心，如果在香港外匯市場交易的人民幣匯率波動範圍變大，每天公布的人民幣匯率也會受影響，嚴重時可能發生「尾

巴搖狗」[16]的現象。

除了香港之外，還有不少國家也是將本國貨幣的匯率釘住美元，例如：沙烏地阿拉伯、阿拉伯聯合大公國、巴林、卡達、阿曼等中東國家。巴哈馬、貝里斯、巴貝多、開曼群島、巴拿馬等位在加勒比海附近的中美洲小國也是採用釘住美元的固定匯率制度。

有些國家乾脆直接採用美元取代本國貨幣，例如南美洲的厄瓜多與薩爾瓦多。厄瓜多曾經擁有自己的貨幣蘇克雷（Sucre），但在經歷1990年代的經濟危機之後，2000年開始用美元取代蘇克雷，徹底放棄發行蘇克雷。以美元作為本國法定貨幣的國家雖然無法擁有獨立的貨幣政策，貨幣政策必須完全跟隨美國，卻可以避免高通貨膨脹。厄瓜多就不像其他中南美國家面對著高通膨問題，通膨率維持在個位數，所以厄瓜多國民非常支持美元化（dollarization）。薩爾瓦多在2001年將本國貨幣克朗與美元整合，2021年承認虛擬貨幣比特幣（Bitcoin）為法定貨幣。委內瑞拉國民非常不信任本國貨幣玻利瓦（Hard Bolivar），商家更偏好收到美元。

雖然無法非常確定，美元在北韓似乎也被廣泛接受。據說在北韓的市集（Jangmadang）裡，美元、歐元、人民幣等外國貨幣取代北韓圜作為交易媒介。美國明明是北韓最敵對的國家，但美國發行的貨幣竟然比北韓自己的法定貨幣更獲得信賴，實在非常諷刺。

---

16 編按：「尾巴搖狗」參見本書76頁。

阿根廷經濟崩潰，處於進退兩難的窘境

2023年阿根廷總統由米雷伊當選。選前米雷伊提出採用美元作為法定貨幣、關閉中央銀行的政見，吸引各界目光。阿根廷的年通膨率高達200%，米雷伊的政見等於承諾當選後將以美元取代本國貨幣。2023年12月米雷伊就任，立刻將官方匯率從1美元兌400披索調升到1美元兌800披索，讓披索貶值。對照2019年阿根廷的官方匯率是1美元兌40披索，新匯率簡直讓阿根廷披索變成廢紙。

之所以會有這些事情，主因是阿根廷的經濟情況很糟。阿根廷是農業大國，二十世紀初期還名列已開發國家的行列，但是違反常理的民粹政策以及政府對天然氣、石油、大眾交通等各種領域濫發補貼，導致阿根廷財政枯竭，只好不斷發行國債填補缺口。阿根廷政府的長期財政虧損造成民不聊生，2024年2月消費者物價年增276.2%，月增13.2%，一年內物價幾乎上漲三倍。這個情況大概像上班族在發薪日去超市採購，每次去都覺得民生必需品的價格不同，面對最嚴重的通貨膨脹。2023年阿根廷中央銀行（BCRA）將基準利率調升至133%，依然無法穩定物價。

阿根廷難道不能用美元取代披索當作法定貨幣？實際上不太可能。阿根廷若要讓美元流通，必須保有相當於經濟規模的美元現鈔，但是以阿根廷現在的情況來看，財政赤字龐大，根本很難取得美元。雖然阿根廷可以從國際貨幣基金、美洲開發銀行（IDB, Inter-American Development Bank）等國際金融組織取得美元，但是金額不大。米雷伊總統為了實現這項政見，正在推動徹底的貨幣改革，期望消弭惡性通貨膨脹，在談論

貨幣政策時，甚至曾提到比特幣。阿根廷的貨幣政策發展值得大家持續關注。

| 第6章 |

看美元臉色的
日本與歐元區

32 讓日本復活的貶值政策

　　日圓匯率與其他國家展現完全不同的走勢。因為日本無法擺脫長期經濟蕭條，所以日圓跟美元、歐元等主要國家的貨幣相比持續處在弱勢，直到2024年初，日本的市場指標才出現新的方向。2024年初日圓匯率上升到1美元兌150日圓，來到投資人的心理防線，日圓重貶成為投資的吸引力，撤離中國的資金與外國投資人轉而投入日本市場，帶動日本股價上漲。日本股市恢復1990年1月泡沫經濟前的水準，日經平均指數上漲到38,157點，睽違三十四年又一個月重回38,100點，象徵日本經濟復甦，脫離「失落的三十年」。

　　從日本國內條件與全球市場的情況來看，日圓匯率走高是理所當然的結果，因為日本總是與美國等主要國家採取「唱反調」的貨幣政策，即便美國聯準會與主要國家的中央銀行紛紛調升利率，日本銀行（Bank of Japan）[17]也一直「堅守」政策利率為-0.10%。其實歐洲中央銀行、瑞士、丹麥、瑞典也曾經實施過負利率政策，但是發現並未產生特別的效果後，就陸續轉回正利率。日本是全世界唯一維持負利率的國家，就連

17　譯註：日本的中央銀行。

2022年至2023年美國聯準會將基準利率大幅調升到5.25%至5.50%時，日本也不為所動，造成美國與日本的利差擴大到5.60個百分點，美元升值、日圓貶值。

日本維持負利率其實是無可奈何的選擇，因為長期處於通貨緊縮，不具備升息條件。日本銀行的貨幣政策長期目標是維持消費者物價指數上漲2%，負利率能讓銀行貸款變容易，鼓勵企業與民眾向銀行借錢、投資與消費。只是日本無法擺脫經濟蕭條，物價也未能上漲。

2012年12月安倍晉三連任日本首相，實施所謂的安倍經濟學（Abenomics），為日圓維持弱勢定調。安倍經濟學主打安倍三支箭，以寬鬆的貨幣政策、擴大財政支出、結構性經濟改革與成長策略作為主軸，日圓貶值屬於寬鬆的貨幣政策，重點在投入大量金錢振興經濟，也就是量化寬鬆（QE, quantitative easing）。當時的日本銀行總裁黑田東彥宣布，會在兩年內讓日圓數量增加一倍，匯率從1美元兌80日圓上升到100日圓，使日圓貶值。2012年11月美元兌日圓匯率是80日圓，2013年5月果真高過100日圓，日圓約貶值25%。然而日本並未因此擺脫經濟衰退，物價也沒有上漲。日本銀行把政策利率調降到0%，經濟景氣也未見起色，只好更進一步讓利率下降為-0.10%。

安倍經濟學之後，日圓價值雖然依照全球經濟的大環境起伏，大致上還是維持著貶值的水準。安倍經濟學實施初期，匯率是1美元兌80日圓，2014年是1美元兌100日圓，2019年上升到1美元兌110日圓，2022年6月來到1美元兌132日圓，是最近二十年日圓最低價值。日本政府長期讓日圓維持貶值，終於等到擺脫通貨緊縮的機會。

美國縱容日本的貶值政策？

在全球金融市場上，大家似乎有默契地接受了日本的貶值政策。大多數國家傾向維持高水準，使本國企業更有出口競爭力，換得貿易順差的效果。匯率戰爭通常是指各國推行讓匯率上升的貶值政策。

匯率會因為許多變數發生變化，基準利率也是其中一項，而且會產生較大的影響，這就是日本持續讓日幣維持貶值，長期實施負利率政策的主因。日本在2020年以前處於長期通貨緊縮，零利率政策還不夠，甚至採取非常態手段，讓基準利率變成負值。新冠肺炎疫情之後，美國從2022年3月開始升息，大幅度的利率調升使美國與日本的利率差距達到5.60%。

由此推測，日本可以實施負利率政策與殖利率曲線控制（YCC, yield curve control）政策，背後已獲得美國默許。一國長期維持超低利率或負利率，其實跟干預匯率、操縱匯率無異。然而日本未被貼上匯率操縱國的標籤，而且長期維持著負利率，這些事情若缺少美國的許可或支持，根本不可能持續。推動安倍經濟學的前日本首相安倍晉三在第一任任期內，與當時的美國總統小布希（George W. Bush）維持蜜月般的友好關係，第二任任期也與歐巴馬總統、川普總統展現堅定的同盟關係。

如果繼續往前回溯，美日之間有《廣場協議》事件，美國為了牽制快速崛起的日本與德國，與兩國達成協議，強迫日圓與德國馬克升值。當時正是日本試圖一舉超越美國、成為世界第一的關鍵時刻，《廣場協議》讓日本的經濟瞬間變成泡沫，泡沫破滅後陷入無止境的通貨緊縮深

淵。雖然日本經濟衰退有部分原因來自於本身的經濟政策失敗，但是《廣場協議》有美國虧欠日本的意味，或許過去十幾年是「逆向廣場協議」，美國默許日本維持日幣貶值。基於美國與日本的關係向來良好，或許日本曾經私底下取得美國的諒解也說不定。

其實日本的經常帳順差也有美國的助力。在世界各國的外匯存底中，日本持有的美國國債最多。中國曾經持有最多美國國債，但是後來逐漸減少，所以對美國政府而言，日本是買最多美國國債的大客戶。美國發行國債對全球金融市場增加美元計價資產的供給，美國國債在市場上流通，如同維持美元體系運轉的通路。

美元兌日圓匯率走勢

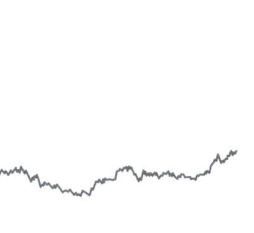

（單位＝美元兌日圓）

資料來源：韓國銀行　　　　　　　　　　　　　　　　　　＊月平均匯率

站在日本的立場，這些事情並非壞事。日本的負利率與美國的高利率是吸引日本投資人購買美國國債、對美國直接投資的誘因。日本投資人把資金存在日本的商業銀行，幾乎無法獲得利息，但是購買美國國債能獲得高利率帶來的利息收入。此外，日本企業也更容易在美國設廠或進軍美國市場。因為日本企業在日本可以用幾乎零利率的代價借得資金，拿這筆錢到美國投資，比直接在日本投資有更高的報酬率。美國是最被看好的日圓利差交易（carry trade；利用利率較低的日圓貸款取得日圓，投資利率較高的美元資產）目標。

　　另外一項更重要的原因是中美對抗與建立陣營。第二次世界大戰後，日本成為美國最密切的盟友，在中美競爭升溫之際，日本明確表態與美國站在同一陣線。美國將日本視為東亞地區對抗中國的核心國家，與日本、澳洲、印度組成四方安全對話（Quad），同時也與十三個國家組成印度—太平洋經濟框架（IPEF），美國都把日本視為核心。美國在與英國、澳洲組成的三方安全夥伴關係（AUKUS）持續拉攏日本加入，進一步擴大為四方安全夥伴關係（JAUKUS）。面對中國、俄羅斯、伊朗、北韓組成新的陣營，美國、歐洲已開發國家與日本的同盟關係也愈來愈堅固。隔著台灣海峽的兩岸關係愈是緊張，愈會讓美國與日本的關係更密切。

33 日圓貶值造成利害關係分歧

　　匯率變動在一國國內會讓有些人得利、有些人損失，尤其是日本，因為長期實施負利率政策，造成利害得失的情況更多。中央銀行以消費者物價指數（CPI, Consumer Price Index）為政策目標，企業從事進出口貿易，一國國民同時也是一國的消費者，從這三者的角度可以更清楚看到匯率世界的利害關係，當然也包括日本。

　　消費者物價指數上升2%是日本長期以來的目標，已經連續三年達標，其中2023年消費者物價指數上升3.1%，更是日本睽違四十多年來消費者物價指數首次上升超過3%。這個結果有部分可歸功於負利率政策，但是快速變化的外在環境也有功勞。俄羅斯入侵烏克蘭造成能源價格飆漲，中美貿易戰造成供應鏈重組，美國限制先進技術出口，這對期待發生通貨膨脹、經濟發展的日本是很大的助力。在新冠肺炎疫情期間，由於全世界主要國家不斷釋放流動性，紛紛面臨通膨問題，因此積極調升利率試圖穩定物價，但日本銀行堅持特立獨行的風格，維持政策利率-0.1%與殖利率曲線控制政策。後來主要國家的中央銀行暫停升息，

評估宣布降息的適當時機，日本銀行才開始評估何時升息。2024年3月19日日本銀行終於宣布利率正常化，回到正利率政策的行列。2024年初日經平均指數突破40,000點，上市公司的營業利益成為歷史新高。

日圓匯率維持在貶值的水準，對進口品物價上漲、消費者物價上漲有很大貢獻。假設在1公斤美國牛肉是100美元的時候，美元兌日圓匯率從100日圓上升到150日圓，日本業者如果進口1公斤美國牛肉，價格會從10,000日圓上漲到15,000日圓。日圓貶值政策造成消費者物價上漲，如同日本政府成功帶動經濟成長、克服通貨緊縮的指標，只是物價上漲會讓消費者的生活費負擔加重。

但是日本出口貿易業者能因為日圓疲軟而獲得很大的利益，因為匯率大幅上升的時候，出口業者就有降價銷售的空間。日本大企業生產的汽車、電子產品，不論是品牌或品質都有很好的口碑，就算沒有特別降價，也能維持不錯的出口業績。日本中小企業在零組件市場非常具有競爭力，特別是與半導體有關的設備與材料領域，處於全球供應鏈的核心地位。

因此日圓貶值政策讓日本企業的獲利大增，上市企業的股價屢創新高，主要企業的獲利表現也刷新歷史紀錄。在東京證券交易所（TSE, Tokyo Stock Exchange）交易的上市公司大都在每年3月結算，2020年營業利益為28兆2,236億日圓，2023年增加到47兆2,218億日圓；2024年3月預估2024年的營業利益可超過55兆日圓。豐田（Toyota）、索尼（Sony）、任天堂（Nintendo）、本田（Honda）、日立（Hitachi）等大企業憑藉全球競爭力創下股價新高。此外，美日半導體同盟、日本政府全力支援、台積電在日本設廠，也讓日本的半導體領域成為人氣類股。以半

導體設備業者東京威力科創（TEL, Tokyo Electron）為例，市值已登上東京證券交易所第三高。

股神巴菲特認為日圓會升值

外國投資人看到日本企業如此強大的競爭力，自然不會輕易放過，其中又以華倫‧巴菲特（Warren Buffett）的行動最吸引各界目光。巴菲特擔任執行長的波克夏公司（Berkshire Hathaway）對日本股市進行了大規模投資，2020年8月巴菲特宣布取得三菱（Mitsubishi）、伊藤忠（Itochu）等日本五大商社各5%的股權，之後又繼續增加持股，將各商社的持股比率提高到9%，日本成為巴菲特在美國以外投資最多的國家。巴菲特之所以投資日本的五大商社，除了認為這些公司的價值被低估，更重要的原因是巴菲特預測日圓未來一定會升值。巴菲特第一次出手投資時認為，日本如果脫離長期通貨緊縮，日本銀行很難繼續維持負利率，很快就會改採緊縮性貨幣政策，日圓價值會逐漸回升。先前日本政府的貨幣政策是為了擺脫難纏的通貨緊縮，2020年全世界開始發生通貨膨脹，日本也達成物價上漲2%的目標，貨幣政策遲早也會恢復正常，只是時間點仍未知，匯率幾乎是讓巴菲特決定投資的關鍵。

如果日圓升值，巴菲特除了賺到股價上漲的價差，還能因為日圓升值賺到匯差，同時賺到兩種獲利。巴菲特是從事長期投資的指標性人物，買進日本代表性企業的股票，可讓外界知道自己看好日本企業的長期發展，產生帶動投資的效果。實際上，離開中國市場的外資也確實往

日本移動,持續增加對日本投資。

除此之外,日本政府與東京證券交易所實施的改革方案也展現成效。東京證券交易所要求股價淨值比(PBR, price-book ratio)低於1的公司必須進行股東權益改革,每月定期公布未履行的企業名單,這個措施吸引市場上的激進投資者[18]。因為日本的社會風氣相當忌諱「黑名單」,公司被列入黑名單對公司本身或經營者都是不名譽的污點,日本企業老闆非常在意東京證券交易所這項措施。

除了企業、投資人之外,日本上班族的生計也有所改善。在2024年日本的「春鬥」大會,民間與政府齊心為勞工的「大勝」加油。在勞資雙方每年在春天進行的勞資談判,由政府、大企業、經濟團體帶頭提出加薪。工資－物價的惡性循環(wage price spiral)是經濟政策效果的最大阻礙,薪資上漲促使企業調高商品售價,進而帶動物價上漲,這時候想維持實質工資不變的勞工會再次要求企業加薪。如果這個循環反覆發生,就會刺激預期通貨膨脹,造成物價失控。1970年代美國的「大通膨」(The Great Inflation)就是發生這種現象,當時的聯準會主席保羅．沃爾克實施高利率政策才成功穩定物價。不過日本認為工資帶動物價上漲的惡性循環是能鞏固物價持續上漲的「正向循環」關鍵。日本經濟團體聯合會(Japan Business Federation)建議2023年工資上漲率應為3%,2024年應為4%;多家日本大企業宣布調薪4%至7%,平均工資漲幅接近5%。

---

18 編按:激進投資者(activist investor)指的是大量購買上市公司股份以獲得董事會中席位,以便直接參與公司決策過程的投資者,目標是推動公司變革,維護並增進股東權益。

34 歐洲整合的象徵，歐元區

　　歐元是繼美元之後，全球金融市場另一個重要的貨幣，在許多國家的外匯存底與SWIFT清算系統排名第二。全球金融市場圍繞著美元運作，歐元則在歐盟、西方國家陣營扮演重要角色。美元、歐元若再加上日圓，幾乎占了全球支付結算的絕大部分。美元主導全球經濟，也是主導外交與國防安全的G7體系的基礎，歐元是準國際準備貨幣，也是解讀世界權力的重要元素。

　　第二次世界大戰後，歐洲市場萎縮，歐元是支撐歐洲朝單一市場發展的支柱。在地緣政治緊張升高、本國優先主義抬頭的時刻，歐元除了在經濟與金融領域發揮效果，對政治、外交、社會領域也扮演重要角色。擁有一種在全球金融市場廣獲信任的貨幣就不會受金融危機影響，而且可以有效抵禦外部攻擊。歐元不但可作為貿易與資本交易的媒介，也能維護歐洲地區的經濟安全，這正是歐元誕生的背景。

　　歐洲主要國家經過長時間的談判與協商，終於成立歐洲聯盟，甚至還推出共同貨幣，展現驚人的整合速度，統一後的德國扮演了最重要的催化角色。第二次世界大戰後，英國、法國、俄羅斯等戰勝國與德國、義大利等戰敗國形成敵對關係，後來美國與蘇聯進入冷戰時代，包含德

國在內的西歐國家成為西方陣營，蘇聯與東歐衛星國家成為共產陣營，歐洲的國際關係變成兩大陣營對立。美國透過馬歇爾計畫（The Marshall Plan）協助西歐十六國進行戰後重建，提供經濟援助，並且建立北大西洋公約組織（NATO）的集體安全體系。德國在這個過程展現快速的經濟成長，被稱為萊茵河奇蹟，後來不但成為歐洲強國，也是繼美國、日本之後的第三大經濟體。

東西德統一讓歐洲大陸的國際關係進入新的篇章。歐洲各國在地理上接壤，兩次世界大戰期間都成為戰場，飽受戰火之苦。造成這兩次大量人力物力損失的世界大戰都是由德國主導，這在歐洲歷史上很難被遺忘。成立歐洲聯盟的議案之所以能取得快速進展，關鍵在於其他國家都希望利用歐洲聯盟的框架對統一後的德國設限，這個共識成為強大的推動力。二十世紀初歐洲國家雖然建立了歐洲煤鋼共同體（ECSC, European Coal and Steel Community）等經濟合作體系，因為各國之間的利害關係，並未達到實際的整合效果。面對日本與中國的經濟快速崛起，美國成為世界上的超級強國，影響力衰退的歐洲國家認為，唯有成立歐洲聯盟，才能在這樣的國際局勢達到權力平衡。

歐洲聯盟在1993年成立，初期只有十五個會員國，直到蘇聯解體後有東歐國家加入，會員國才增加到二十七個。歐洲聯盟的概念起源於1951年依照《巴黎條約》（Treaty of Paris）成立歐洲煤鋼共同體，1957年擴大為歐洲經濟共同體（EEC, European Economic Community），1993年依照《馬斯垂克條約》（Maastricht Treaty）正式成立歐洲聯盟（簡稱歐盟）。歐盟執行委員會（European Commission）是歐盟的行政部門，

與歐盟理事會（Council of Europe）都位在比利時布魯塞爾。歐洲議會（European Parliament）位在法國史特拉斯堡，歐洲法院（the Court of Justice of the European Union）位在盧森堡，主要機構分散在不同地點。負責運作歐元與決定貨幣政策的歐洲中央銀行（ECB, European Central Bank）位在德國法蘭克福。

歐盟成立六年之後，1999年1月歐元正式啟用，背景是1986年的歐洲經濟暨貨幣聯盟（EMU, European Economic and Monetary Union）。各國在歐盟成立的過程雖然已經有政治、經濟共同體的意識，創建單一貨幣又是另一項艱巨的目標。每個國家的經濟規模、經濟條件、經濟政策皆不同，要求各國採用相同貨幣有很大的風險。貨幣政策堪稱一國最重要的經濟政策，使用相同貨幣等於把貨幣政策的決策權交給別人，形式上雖然是由許多國家共同擁有貨幣主權，實際上卻是每個國家放棄各自的貨幣主權。歐盟以歐元作為共同貨幣，堪稱歷史性的重大實驗。歐元作為歐盟的單一貨幣，除了象徵整合之外，也是非常重要的成果。

不過並非所有歐盟成員國都使用歐元，所以另外用歐元區稱呼使用歐元的國家。歐元區的運作在1999年1月1日啟動，形成歐元單一市場。歐元最先作為銀行之間清算的貨幣單位，實體貨幣則從2002年1月1日開始流通。歐元區的目標是使用歐元的人、商品、資本、服務都能像在同一個國家、單一市場內自由流動。歐元區成立歐洲中央銀行（ECB）負責執行貨幣政策，主要依據德國聯邦銀行（Deutsche Bundesbank）的模式運作。由於歐元區的貨幣政策由歐洲中央銀行負責，歐元區的國家無法決定本國的利率與匯率，但在財政政策方面，各

國仍保有獨立自主的決策權。歐元區啟動時只有十一個會員國,後來增加到二十個國家。

　　希臘在2001年加入歐元區,之後陸續還有斯洛維尼亞、馬爾他、賽普勒斯、愛沙尼亞、拉脫維亞、立陶宛、克羅埃西亞等東歐國家加入。摩納哥、聖馬利諾、梵諦岡、安道爾等不屬於歐盟及歐元區的歐洲小國另外與歐盟簽署協議,所以也能使用歐元。目前使用歐元的總人口數大約3億4,000萬人。加入歐元區的條件有二,除了該國的財政赤字必須低於GDP的3%,國家負債也不得超過GDP的60%,提交申請之後必須經過兩年觀察才能獲得許可。英國原本是歐盟的會員國,沒有加入歐元區,後來經過公民投票決定脫歐(Brexit),在2020年1月正式退出歐盟。

歐元兌美元匯率走勢

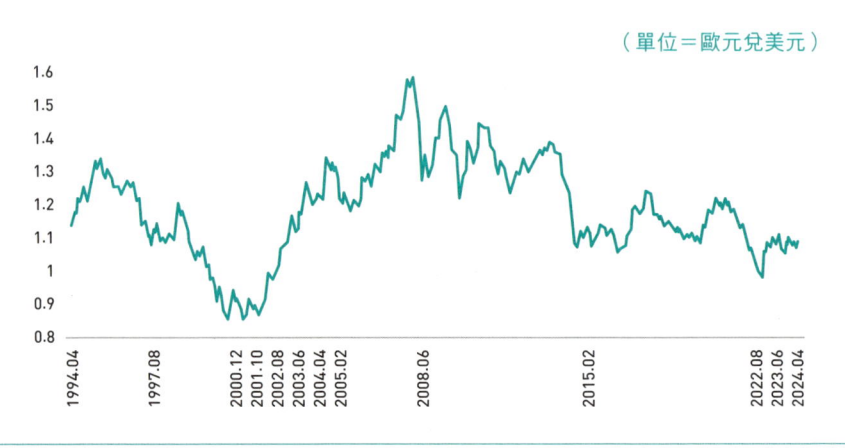

(單位＝歐元兌美元)

資料來源:韓國銀行　　　　　　　　　　　　　　　　＊月平均匯率

歐元除了用在銀行之間的借貸市場，歐元區的國家也發行以歐元計價的國債、公司債，使歐元在國際金融市場的地位提高。市面上流通的歐元紙鈔、硬幣規格形狀雖然相同，各國可以有不同的圖案設計。因為貨幣單位統一為歐元，除了在歐元區通用之外，在歐盟會員國或其他歐洲地區也廣泛流通。此外，面對中國積極推動人民幣國際化可能產生的衝擊，歐元區國家共同應對，持續發展由各國總體經濟政策形成的互助體系，推動歐元國債與公司債形成的資本市場，發展跨國支付與清算系統等。歐洲中央銀行正在籌備推出數位歐元，擬將中央銀行數位貨幣（CBDC）應用在零售金融（retail banking）。

歐元區剛啟動時，匯率是1歐元兌1.1697美元，後來經過幾次經濟危機，歐元曾經大幅貶值，2024年初歐元兌美元匯率又回到1歐元兌1.08至1.09美元。新冠肺炎疫情期間、俄羅斯入侵烏克蘭造成供應鏈崩潰、能源價格飆漲，重傷歐洲經濟，歐元區的通貨膨脹率曾一度高於10%。連同象徵歐洲經濟引擎的德國在內，歐洲主要國家的經濟成長率下滑，造成歐元貶值。不過歐盟復甦基金（Recovery Fund）的投入讓歐洲成功克服疫情危機，也鞏固了歐元單一貨幣的地位。

35 歐元區的矛盾，貧富差距擴大

如果觀察歐元區的內部，加入歐元區的國家等於選擇了固定匯率制度。假如原來的本國貨幣還存在，這個情況大概可以想像成將本國貨幣與歐元用一比一的價值固定，所有使用歐元的歐元區國家打破藩籬，如同只有一個國家，不但匯率與利率相同，消費與國際貿易統統只用歐元結帳。從貨幣的方面來看，歐元成功統一各國的金融市場。

如果觀察歐元區的外表，歐元區是個單獨的區域，跟美國、中國、日本等其他國家一樣有匯率，利用與歐元比較，決定美元、人民幣、日圓、英鎊等各國貨幣的價值。在國際金融市場上，歐元區的運作像一個單獨的國家，國際貿易與資本交易都會影響歐元匯率，當美國聯準會宣布升息或降息，也會立刻對歐元區產生影響。歐洲中央銀行會根據美國的基準利率變動調整歐元的基準利率，2022年美國大動作連續升息，基準利率上升到5.5%，歐洲中央銀行也將基準利率調升到4.5%。歐洲中央銀行的貨幣政策通常會配合美國聯準會，因為西方已開發國家面對的高通貨膨脹、失業、供應鏈重組等各種經濟問題非常相似。除了經濟之

外，在外交與國家安全方面，美國與歐盟也是同一陣線。不論是俄羅斯入侵烏克蘭或中國快速崛起，都讓西方陣營的合作更緊密。

歐元區的外表看似和平，內部卻相當複雜。歐元區的國家類似美國五十個州，各州皆維持著三權分立與自治，共同使用著美元，但是由聯準會決定貨幣政策。美國各州的立場與加入歐元區的歐盟國家幾乎一樣，硬要區分兩者差異的話，美國聯邦政府會依照各州的財政狀況與經濟條件提供支援，歐元區的國家原則上必須利用獨立的財政政策調控本國景氣。

貨幣政策與財政政策之間的矛盾

歐元區國家必須將貨幣政策的權力全權交給歐洲中央銀行，只能實施財政政策，這個作法凸顯出許多問題。歐元區實施初期，德國、法國是經濟基礎較好的富裕國家，是歐元區的核心國家，西班牙、義大利、希臘等國的財政情況較不穩定，屬於歐元區的邊緣國家。歐洲中央銀行決定的基準利率涵蓋整個歐元區，邊緣國家發行國債時，可獲得債券利率比整合之前低的好處。一國的國債利率反映經濟基礎優劣與國家信用高低，利率會有明顯差異。但是德國是製造業強國，在歐元整合後採用相對較高的利率，反而是邊緣國家採用相對較低的利率，顯示歐元整合並未讓利率真實反映各國的經濟基本面，只是綜合性地決定貨幣價值，讓原本強勢的貨幣走弱，原本弱勢的貨幣變強。

歐元價值是由全部歐元區國家的貨幣價值決定，邊緣國家獲得了

比原來本國貨幣更強勢的新貨幣，資金融通時的利率降低。希臘、葡萄牙、西班牙在更容易對外融資之後，隨即借來更多外債，資金從歐元區的主要經濟強國（德國、法國）往邊緣國家移動。當國債的投資報酬率變高，而且還會有持續的高成長，資金自然會朝資本報酬率高的方向流動。

經濟基礎較弱的國家若要減少貿易逆差，應該是把融資取得的資金往產品競爭力高的領域投資，但歐元區的邊緣國家卻把資金投入房地產建設與觀光產業。房地產投資增加帶動房地產價格上漲，引起房地產抵押品價值增加，民眾增加貸款，帶動房地產價格再次上漲，正是典型的房地產泡沫化過程。因房地產變富裕的民眾開始大肆消費，促使經常帳赤字增加，加上政府的財政結構不健全，造成國家的經濟體質變脆弱。

2008年發生全球經濟海嘯時，曾經對新興國家與南歐國家有大規模投資的美國、歐洲主要金融機構決定回收資金，使這些已經處於房地產泡沫化的國家面對更大的外債壓力，財政情況日益惡化，最後由希臘點燃導火線。希臘在歐元區上路時並未符合加入條件，而是在歐元區運作一年之後才成功加入，事後竟發現希臘提交的統計數據造假。希臘的經濟條件向來不佳，加上政府施政流於民粹，濫發社會福利補助，稅收入不敷出，國家財政陷入困境。雖然希臘政府對外借款彌補財政缺口，但作法治標不治本，最後終於爆發金融危機。

歐豬國家（PIIG，葡萄牙、愛爾蘭、義大利、希臘）幾乎都經歷相同過程，陷入債務危機的深淵，後來雖然借助歐洲金融穩定基金（EFSF）的力量脫離危機，但事態嚴重，一度讓歐元區瀕臨瓦解。

當時如果歐元區國家維持屬於自己的本國貨幣，就可利用匯率的自動調節機制，找到兩國之間的均衡。貿易順差國因為外匯流入，本國貨幣升值，出口競爭力下降；貿易逆差國因為外匯供給減少，本國貨幣貶值，使出口競爭力提升，進而改善經濟狀況。如此一來，國際收支就會恢復均衡，匯率在此過程扮演非常重要的角色，關鍵就是匯率的自動調節機制。萬一匯率沒有自動朝均衡方向調整，國家還是可以介入外匯市場干預匯率，採取讓企業出口競爭力提高的貨幣貶值政策。不論政府只進行口頭勸說或直接干預外匯市場，都能對匯率產生影響。然而歐元區的國家全面使用歐元作為單一貨幣，由歐洲中央銀行統一決定貨幣政策，各國的匯率全部一樣，各國政府無法干預匯率、影響匯率，加劇了經濟問題。

36 歐元面對許多難題，未來何去何從

　　歐元區國家把貨幣政策的權力交給歐洲中央銀行，自己保留財政政策權力，這是一件非常矛盾的事。貨幣政策與財政政策分離之後，核心國家與邊緣國家的經濟差距擴大就是最好的證據。2023年底歐盟修改財政規則，努力克服財政危機。歐盟對投資綠色經濟、數位轉型與能源安全，積極因應人口結構改變等議題抱持積極態度，財政政策的改革重點在放寬國家裁量權與簡化內容，以利制定實際的執行方案。為了鼓勵改革與投資，減債期限也更有彈性。

　　歐盟原本的財政規則太嚴格，以至於推行成效不彰。原本的財政規則依照《馬斯垂克條約》，規定國家負債必須低於GDP的60%、財政赤字不得高於GDP的3%，內容由《穩定暨成長公約》（Stability and Growth Pact）及多個協議構成。新規則維持原本的核心內容，對詳細內容進行修訂，例如：當該國負債、赤字超過標準時，不會立即制裁，而是給予一段時間減債，使該國仍具備投資空間。原則上歐盟給予四年的寬限時間，讓一國制定減債計畫與落實改革，進而促進經濟成長，最多能延長

至七年。減債比率依照負債程度有所不同，負債比率高於90%的國家，每年必須減少1個百分點；負債比率落在60%至90%的國家，每年必須減少0.5個百分點。2023年底負債比率超過100%的國家有法國、義大利、希臘、西班牙、葡萄牙、比利時共六個國家。

由於新冠肺炎疫情與烏俄戰爭造成歐洲經濟全面衰退，歐盟為了振興經濟、提升景氣，啟動一般豁免條款，在2023年底前暫停實施修訂的財政規則。然而，某些歐盟會員國在財政規則即將恢復實施前，要求歐盟再次修訂規則。德國在協調過程批評修訂的財政規則太寬鬆，法國與義大利則認為，一國就算負債超過限制，也應該保留投資的空間。

匯率受一國貨幣信任度的影響很大，綜合反映一國的經濟基礎與發展潛力。歐元不只受一國的經濟影響，而是受所有國家的經濟、全球金融環境、未來風險等因素影響。目前歐元區在經濟金融面與外交國防方面都面臨許多挑戰。在經濟方面，包含德國在內，整個歐洲的經濟都在衰退。2023年歐元區的經濟成長率僅0.7%，但美國有2.5%、中國有5.2%，甚至連曾經長期處於通貨緊縮的日本也有1.9%，凸顯歐洲經濟停滯。這個結果與英國脫離歐盟也有關係。

除此之外，人民幣的攻勢日益猛烈。中國是全球最大的進口國，在推動進口原油與原物料以人民幣支付取得不小斬獲，也開始使用自主建立的跨境支付系統。美元與歐元主要針對G7國家綁定，中國則逐步提高在全球貿易與金融市場的占比，試圖一步步提高人民幣的影響力。

單一貨幣的實驗，歐元的未來取決於歐盟經濟發展

歐元區是金融史上第一個大膽實驗，在正式實施單一貨幣制度之前，經濟學家有過許多爭論。有一派學者主張，採用單一貨幣會讓匯率的自動調節機制失靈，存在著根本性的限制。另一派學者認為，歐洲具備採用單一貨幣的區域特性，歐元區上路後發生的問題，可經由各國的互助體系與協調解決。

經濟學家羅伯特．孟岱爾（Robert Mundell）被尊稱為「歐元之父」，提出最適通貨區域理論（theory of optimum currency areas），認為歐洲是最適合實施單一貨幣的區域，成為歐元單一貨幣的理論基礎。孟岱爾指出，多個國家使用單一貨幣的條件是勞動市場富有彈性、生產要素能夠自由流動。

歐元區若要再次恢復原有的競爭力，必須如同孟岱爾的主張，對基礎建設、教育、研發擴大投資，摒棄官僚主義（bureaucratism），加速改革制度。英國《經濟學人》（The Economist）雜誌也提出建議，認為歐元區的服務業市場與資本市場必須進行整合，以符合歐洲單一貨幣制度若要對抗中國的政府主導模式（interventionism）及美國的美國優先主義，與其仿效中國或美國的作法，倒不如遵循市場經濟原理，維護民主的價值，依照自己的原則推動經濟政策。

目前歐元區在全球金融市場遭遇瓶頸。美國在科技與數位革命已取得領先，中國成為全球第二大經濟體，印度的人口數為世界第一，而且經濟快速發展，這些國家正在追趕歐洲。歐洲如果無法重新找到經濟發

展的突破點，不久的將來美元與歐元的兌換比例可能會變成一比一，美元與歐元平價（parity）的時代很快就會來臨。

第7章

我們身邊的匯率

37 匯率是上升好？還是下降好？

「最近匯率升得太高，實在很令人擔心」，類似這樣話在韓國一度成為話題。這句話中的匯率應該是指美元兌韓元匯率，假如美元是個商品，原本可以用1,200韓元買到1美元，現在必須要付1,400韓元才能買到1美元。換句話說，匯率上升代表韓元貶值，持有韓元的人就算不做任何事情也會虧損，所以「很令人擔心」。

用這種方式解說，雖然可以看出匯率與韓元價值是反向變動的關係，但是如果先聽到「匯率上升」或「匯率下降」，很難一次就明白意思。有些新聞媒體以匯率為題撰寫報導時，內容不但寫顛倒，甚至還會搭配奇特的圖表，例如：媒體想利用圖表展現美元兌韓元匯率的走勢變化，以韓元價值作為比較基準，令X軸表示時間、Y軸表示匯率，但Y軸數字由下往上愈來愈小。可以猜得出作者想表達Y軸愈往上走，韓元的價值愈高，愈往下走，韓元的價值減少，雖然符合直覺，但是顯然與一般圖表的運用習慣不同，容易讓人誤解。

韓元價值與匯率「反向變動」

　　大家應該先知道匯率與韓元價值會呈現反方向的變動，這樣才比較容易看懂匯率。不論是歐元兌韓元價值、日圓兌韓元價值，又或者是其他貨幣，在匯率報價的時候，通常會以其他國家的貨幣作為比較標準。假設歐元兌韓元匯率是1歐元兌1,500韓元，代表必須用1,500韓元才能交換到1歐元。日圓比較特別，在韓國標示日圓兌韓元匯率時，是以100日圓作為基準單位。所以當日圓兌韓元匯率從1,000韓元降到900韓元，意思是交換100日圓從原本需要1,000韓元變成只需要900韓元，韓元的價值相對增加。曾有一段時間日圓兌韓元匯率下降，日圓價值縮水，前往日本旅遊的韓國觀光客人數大幅成長。因為日圓貶值代表用相同金額的韓元可以兌換到更多日圓，在日本也能以相對便宜的價格吃喝玩樂。前面提到的這幾種匯率報價方式，都是以美元（國際準備貨幣）、歐元（準國際準備貨幣）作為比較基準。其實也可以把韓元當作比較基準，只是這麼一來，計算出的美元或歐元會有很多小數點，在交易過程比較不方便。

　　在全球外匯市場上，匯率報價未必都是以美元作為基準，例如：美元兌歐元匯率就是1歐元的美元價格，美元兌英鎊匯率是1英鎊的美元價格。歐盟在歐元區實施歐元之後，德國馬克、法國法郎、義大利里拉、荷蘭盾等歐洲主要國家的貨幣全面整合，基於這種背景，歐元具有比美元更高的價值。1999年歐元剛啟用時，匯率設定為1歐元兌換1.1697美元。英鎊是美元出現之前，英國用在「不列顛治世」（Pax Britannica）稱

霸的貨幣，因此也維持著1英鎊的價值高於1美元的水準。

　　這裡可以想成歐元區國家與英國民眾把美元拿來和本國貨幣比較價值。當匯率從1歐元兌換1.10美元變成1歐元兌換1.08美元，表示歐元的價值減少。用本國貨幣當作比較基準進行匯率報價的優點是，能直接得知本國貨幣的價值變化。在韓國談論匯率通常是以美元作為比較基準，計算美元兌歐元匯率、美元兌英鎊匯率，因此歐元、英鎊的匯率上升時，美元價值則是反方向的減少。

38 國外旅遊、基金投資⋯⋯該事先兌換外幣存放嗎?

　　只要國際金融市場的變動增加,匯率也會有明顯的波動。前面為了讓大家容易了解匯率的概念,簡單假設1美元兌換1,000韓元上升到1美元兌換1,300韓元。其實如果不是發生亞洲金融風暴或全球金融海嘯,匯率幾乎不會在一天之內出現多達300韓元的變動,不過在兩三個月內美元兌韓元匯率上升50韓元倒是很常見。萬一在低利率的時候匯率出現超過50韓元的劇烈變化,這會比利率變動更讓人緊張。從事進出口貿易的業者經常暴露在匯率風險之中,非常關注匯率動向。

　　一般人要與匯率有直接接觸,通常是在銀行用本國貨幣兌換外幣的時候。不論是跨國交易、國外旅行、出國當交換學生,只要涉及到出國,就會需要外幣。人去到國外,支付學費、房租的時候必須使用外幣;企業在國外成立分公司或辦事處,對本國外派員工支付薪資或住宿費時,同樣需要外幣。假設某甲必須對美國匯款1萬美元,某甲(匯款人)通常必須拿著本國貨幣到銀行,或者從銀行的本國貨幣帳戶提款,才能將本國貨幣兌換成美元進行匯款。韓國與美國之間的匯款或結帳因

為採用美元兌韓元匯率,相對之下比較單純,只要以銀行的牌告匯率進行換算,就能知道相當於1萬美元的韓元金額。不過匯款人還要另外支付一筆匯兌手續費,才能經由國際匯款從韓國的銀行將1萬美元匯入收款人在美國的銀行帳戶。

　　大家應該都希望在美元兌韓元匯率低的時候,先把留學費用、國外生活費等必要的外幣開支兌換起來存放,實際要做卻不簡單。因為很難只觀察少數幾天或一兩個月,就精準預測何時會出現最佳匯率。大家都知道抓準時間點是關鍵,做起來卻很困難。利率、匯率、股價指數是經濟與金融領域最重要的價格變數,如果能預測到這些價格變數的變動方向,想賺大錢還能有什麼問題?不過準確預測只有老天爺才辦得到。如果有人把不可能的事情說成可能,這個人大概不是騙子就是吹牛。此外,匯率跟利率比較時,匯率的波動性比較高,不但每天都會改變,而且影響匯率的變數很多,因此要預測匯率的短期方向更加困難。建議至少觀察一年以上的長期趨勢,當下還要仔細評估、分析,再決定是否辦理外幣存款。筆者認為,與其注意匯率變動的方向,倒不如依照實際需要外匯的時間點與金額來決定換匯的時間。

是否該辦理美元或日圓存款

　　個人與企業都能辦理外幣存款,有美元、歐元、日圓、人民幣、英鎊、澳幣等多種幣別。匯率變動方向是決定是否辦理外幣存款最重要的標準,如果本國貨幣變強勢,也就是匯率下降時,辦理外幣存款會遭受

損失。應該在預估本國貨幣會貶值，也就是看好外國貨幣即將升值的時候辦理外幣存款。

2024年7月在韓國能辦理的外幣存款跟韓元存款類似，有隨時都能提領的一般外幣存款帳戶，也有必須經過一段時間等待期滿的外幣定存。以KB國民銀行（KB Kookmin Bank）為例，一般外幣存款帳戶可接受美元、歐元、日圓、英鎊、人民幣、瑞士法郎、加拿大幣、港幣等十一種外國貨幣，隨時都可存入、提領，申請資格與金額皆無限制。美元、加拿大幣、人民幣的存款利率是0.10%，日圓、歐元、英鎊、瑞士法郎、港幣等其他外幣的存款利率是0.0%無利息。

外幣定存同樣沒有申請資格、金額、期間的限制，接受十多種外幣，利率則依照幣別有明顯差異。申辦美元的外幣定存就算期間未滿七日，利率也有4.1385%，定存一個月至未滿二個月利率是4.879%、六個月至未滿九個月利率是4.788%、十二個月至十八個月利率是4.5781%，利息報酬率很高，但是超過十八個月時，利率就是0.0%。由於美國的基準利率很高，在韓國的銀行申辦美元定存，也能有接近5%的高利率。但是申辦日圓定存不論定存期間長短，利率都是0%。日本銀行在2024年3月才剛結束負利率政策，將利率調升在0.0至0.10%之間，雖然2024年7月31日再度將政策利率調升到0.25%，不過還是偏低，所以在韓國辦理日圓定存無法獲得任何利息。辦理歐元定存時，六個月至未滿九個月利率是2.693%，十二個月至十八個月利率是2.403%。

韓國的外幣存款也適用於《存款保護法》，每位存款人存放在同一家銀行的韓元存款與外幣存款合計，最高保額為5,000萬韓元（本金與利

息合計）[19]。還有一點，存款人在存入或提出外幣存款時，必須支付額外的手續費。

　　利用外幣存款長期持有外幣，除了為匯率變動提前做準備，實際需要外幣的時候，也能以較低的匯兌手續費領取外幣。最近韓國的銀行為了吸引新客戶開戶、留住優質客戶，有推出積點制度或「免匯兌手續費」的服務，競爭非常激烈。

　　出國旅遊如果使用信用卡刷卡消費，就能實際體驗匯兌的運作。韓國的信用卡發卡機構利用國際網路，與威士卡、萬事達卡合作，最近也跟中國銀聯卡（UnionPay）、日本JCB卡簽約，推出許多國際性的信用卡。觀光客在國外紀念品店或餐廳消費刷卡時，如果不知道該選擇美元刷卡、當地貨幣刷卡或用本國貨幣刷卡，建議優先選擇以當地貨幣刷卡。萬一刷卡機上顯示的金額已經換算成持卡人本國的貨幣，消費者可以要求店家改用當地貨幣重新計算金額，這樣才不會吃虧。因為持卡人在國外以本國貨幣刷卡，金額計算會經過當地貨幣兌美元、美元兌本國貨幣，總共進行兩次匯兌，除了在匯率方面吃虧，中間還會產生不必要的手續費。由於這個緣故，韓國的信用卡發卡機構有提供取消動態貨幣轉換（DCC, dynamic currency conversion）的服務，消費者可自行透過網路銀行、行動銀行或撥打客戶服務專線，要求取消國外刷卡的動態貨幣轉換。

19　譯註：台灣的中央存款保險制度保障每位存款人存放在同一家銀行的新台幣存款與外幣存款合計，最高保額為新台幣300萬元（本金與利息合計）。

39 影響國內股市的一隻看不見的手——外國投資人

匯率對國內股市有什麼影響呢？乍看之下，匯率跟國內股市沒什麼關係，反而是美國聯準會宣布升息或降息的時候，比較會引起投資人注意。因為每當聯準會宣布升息或降息，市場走向都會改變，美國定期公布物價與就業指標時，股價指數的反應更大。由此可知，利率是影響國內股市的核心變數，但是大家不該小看匯率對股市的重要性。

韓國交易所將投資主體分為三種，隨時分別公布個人、機構、外國人的淨買入與淨賣出金額。韓國交易所詳細記錄金融投資機構、投資信託機構、保險機構、銀行、其他退休基金機構、私募基金機構等機構的投資內容。基於保護個人交易隱私的考量，個人被歸類成一個群體，只公布交易動向。外國人的投資與交易動向也會被公布，在三種投資主體之中最為重要，如果外國投資人對少數個股或對整體市場有大量淨買入，對股票市場是利多消息。

什麼原因會讓外國人想投資韓國股市？其實只要把韓國人投資外國股市的判斷標準換個方向思考，就很容易得到答案。外國投資人可分

為投資年金、基金的中長期投資人,以及短期投資人,在這之中,大家應該注意從事中長期投資的外國投資人。這些外資如果操作新興國家的基金,投資組合中通常也會買入韓國股市一定比例的股票。摩根士丹利資本國際公司(Morgan Stanley Capital International)編製的股價指數(MSCI)把韓國歸類為新興國家,韓國政府正在推動讓韓國進入已開發國家指數。換句話說,韓國在眾多新興國家之中的國家信用評等較高,而且有許多大企業活躍於全球市場,是投資人眼中的核心投資對象。

從事中長期投資的外資若在韓國股票市場買進,表示對韓國經濟、韓國企業的未來發展抱持正面看法,期待長期獲得股息收益、賺得股價上漲的資本利得,因此,這也意味著他們預估未來韓元會升值。因此,外國人會投資韓國股市,主要還是因為期待股價上漲與匯率變動帶來的雙重報酬。

40 投資海外證券是一舉兩得還是雪上加霜？

有愈來愈多韓國投資人把眼光轉向海外，原因在於韓國資本市場的漲幅偏低，美國、日本股市的股價屢創新高。如果在韓國的證券公司開戶，利用個人電腦或行動裝置，立刻就能買賣在美國上市的基金或股票，也能投資在全世界主要國家證券交易所上市的股票。現在看來覺得這些事情很理所當然，其實是最近幾年才有的重大改變。

一般投資人選擇海外投資標的時，通常會買進當地企業的股票或該國債券，並且以當地貨幣計價、交割。假設韓國人某甲想買美國紐約證券交易所的股票，某甲必須先把韓元兌換成美元，依照美元股價買進，匯率就是影響某甲進行海外投資報酬的重要變數。假設某甲買進時，匯率是1美元兌換1,300韓元，一年後某甲想賣股票，匯率變成1美元兌換1,000韓元，韓元升值。此時，就算在這一年股價上漲10%，只要加上匯率產生的效果，某甲賣出股票獲得的報酬進入韓國的韓元帳戶時，依然會有損失。假如某甲賣出股票時，匯率變成1美元兌換1,500韓元，韓元貶值，股價漲幅同為10%，某甲在韓國的帳戶就能獲得很高的投資報酬。

巴西國債利率雖高，卻因匯率造成虧損

　　報酬愈高，伴隨的風險愈大。跨國交易或投資只要涉及兩個國家以上，貨幣價值就是很大的風險因素，2010年代初期購買巴西國債的韓國投資人就因此遭遇龐大損失。當時巴西十年期固定利率國債的票面利率超過10%，韓國的基準利率只有3.25%、銀行定存利率只有3%，巴西的利率幾乎是韓國的三倍，非常吸引韓國投資人。而且1991年韓國與巴西曾簽訂租稅協議，韓國人投資巴西國債的獲利在韓國可以免稅。沒想到就在2010年以後，巴西里爾（BRL）嚴重貶值，2011年1里爾還能兌換到690韓元，2015年1里爾只能兌換330韓元，里爾的價值剩不到原來一半。儘管投資巴西國債的利率高達10%，但巴西國債是以里爾計價，里爾重貶讓韓國投資人面對匯差產生龐大損失。

　　假如某甲在2011年買了2021年才會到期的巴西國債，這會發生什麼事？2021年7月里爾兌韓元匯率是220韓元，中間一度下降到190韓元，光是匯差損失就超過60%。根據韓國投資者教育協會（Korea Council for Investor Education）的資料，2011年價值1,000里爾的巴西十年期國債以1里爾兌690韓元計算，金額相當於69萬韓元，2021年到期時里爾兌韓元匯率剩下220韓元，該國債換算成韓元價值剩下22萬韓元，等於投資該國債的本金只剩下原本的32%。就算在這十年內，投資人每年獲得兩次各5%的利息，依然無法彌補本金價值只剩下三分之一的虧損。如果當時向某甲推銷巴西國債的金融機構說：「一直持有到期滿，每年不但能有利息收入，期滿時還會有匯差的獲利。」根本就是錯誤的建議。韓國

金融機構通常向投資人收取1.5%至2%的手續費,是一筆不算低的金額。

2011年起,巴西國債的韓國投資人大都是散戶,2011年投資總金額為1兆4,000億韓元,2017年增加到超過3兆韓元。巴西債券市場有過很多次投資熱潮,投資人並非每年都因為匯差發生損失,而是賺了又虧,虧了又賺,每一兩年有一次較大的獲利。但是巴西的經濟持續衰退、政府負債激增,再加上新冠肺炎疫情等負面因素,使巴西里爾長期處於嚴重貶值的狀態。巴西因為原物料價格下跌,影響國家經濟發展,政治人物又總是推出民粹的政策,財政狀況長期飽受詬病。

41 聽說日圓很便宜，要不要用低利率辦理外幣貸款？

　　在韓國除了可以辦理外幣存款，同樣也可以辦理外幣貸款。既然是貸款，一定要考慮利率，但是更重要的匯率也必須考慮。許多韓國大企業在籌措大規模設備投資的資金時，為了適用相對低的利率，會選擇辦理用外幣計價的貸款。這些業者在韓國國內或在海外設廠時，會向韓國的外商銀行或海外當地的銀行直接取得外幣資金。就外幣貸款的利率而言，韓國本土商業銀行的利率普遍高於外商銀行，而且還有匯率風險，所以跨國大企業進行海外投資時，偏好與外商銀行交易。進出口貿易業者因為想減少匯率波動的風險，有時候也會辦理外幣貸款。

　　外幣貸款必須把最初的本金與利息依照匯率的波動換算成韓元，所以還款金額會變動。假如A公司辦理美元貸款之後，美元兌韓元匯率上升，A公司必須償還的本金與利息就會增加，也就是A公司承受著匯率波動的風險。假設A公司辦理1億美元貸款，在還款到期日前匯率的差價是1美元增加100韓元，A公司還款時就必須多付100億韓元。由於利息會跟著匯率變動，所以A公司必須償還的利息也會增加。

當某種貨幣的匯率非常不穩定時，該貨幣的外幣貸款會有明顯增減。2024年4月美元兌韓元匯率一度逼近1美元兌換1,400韓元，韓國五大銀行[20]的美元貸款餘額為86億1,800萬美元，與2023年4月有101億3,000萬美元相比，大約減少15億1,200萬美元（13.1%）。這段期間韓元大約貶值7%，有可能是韓國企業認為匯率上升的幅度過大，不願意辦理新貸款，或者想優先還清已有的貸款。

匯率加上利率，兩頭空的日圓貸款事件

全球金融海嘯讓韓國中小企業與醫療機構辦理日圓貸款，因匯率波動而遭遇非常大的損失，儘管這件事情已經過了十五年，依然可以由此看出當時的日圓貸款有多大風險。當時有一家韓國中小企業上了新聞，2006年A公司為了興建工廠，向銀行貸款3億日圓，匯率是100日圓兌換820韓元，利率為2.3%。2007年銀行的貸款利率上升到4%，2008年A公司延長歸還期限三個月，利息變成8.1%，導致原本每個月大約500萬韓元的貸款利息變成每個月3,000萬韓元。

這還不是最糟的。A公司辦理貸款時的匯率是100日圓兌換820韓元，2008年10月匯率已經飆到100日圓兌換1,545韓元，幾乎是原本的兩倍。雷曼兄弟（Lehman Brothers）事件爆發後，日圓兌韓元匯率更高

---

20 譯註：KB國民銀行（KB Kookmin Bank）、新韓銀行（Shinhan Bank）、友利銀行（Woori Bank）、韓亞銀行（Hana Bank）、NH農協銀行（NH Bank）。

過1,600韓元，造成A公司貸款的本金幾乎膨脹一倍，加上貸款利率急速上升，利息負擔也增加近三倍。日圓屬於避險資產（safe-haven assets），匯率之所以飆升是因為全球金融海嘯讓日圓大幅升值。A公司最早辦理貸款是以日圓計價，日圓升值讓本金像滾雪球一樣愈滾愈大，韓元相對於日圓貶值的結果反映在匯率上。

倫敦銀行同業拆借利率（LIBOR, London Interbank Offered Rate）是英國銀行同業之間借入短期資金的利率，當時日圓貸款利率是用LIBOR利率再加上加碼利率。全球金融海嘯時，LIBOR利率已經上升，加碼利率讓日圓貸款利率上升更高。加碼利率的計算包括銀行的利潤與各種手續費，會依照有日圓需求之金融機構信用等級、市場供需等因素而有高低之分。當時全球金融市場已經陷入一片混亂，相對弱勢的韓元不斷貶值，韓國主要銀行在海外進行日圓借款時，必須採用高利率。

開立醫療院所必須購買許多儀器設備，韓國許多準備開業的醫生當時選擇辦理日圓貸款，因此遭遇嚴重損失。另外也有不少準備成立個人工作室或開設小公司的生意人用1%至2%的低利率申請日圓貸款，取得資金後卻拿去買房地產，類似案例層出不窮，甚至引來韓國主管機關介入調查。

只考慮低利率就辦理外幣貸款，將來很容易面對更大的還款壓力。只要不是辦理本國貨幣的貸款，而是辦理其他國家貨幣的貸款，或者購買外幣計價的債券，都會暴露在匯率風險之中，這點請務必謹慎評估。

42 匯率風險難道無法避免？

　　一般人投資股票或債券、企業辦理外幣貸款時，並非開始的當下經濟環境與條件很好，就能避免匯率風險。各種金融活動只要涉及到外幣，一定無法避免匯率風險。金融機構為了對沖匯率風險，於是推出避險商品選擇權。投資人如果購買海外基金，必須選擇是否對沖風險，大部分的基金商品本身已經設定好是否對沖風險。在韓國市場上，只要基金名稱是以「H」或「환」開頭，該基金就是對沖貨幣風險商品。不過避險功能還是無法完全消除匯率風險，匯率不是這麼輕易就能準確預測，更別說要加以管理。談到匯率風險管理的重要性，絕對不能忽略韓國的KIKO事件。從KIKO事件可以看到匯率變動的風險有多大，了解隨便購買衍生性金融商品的後果有多嚴重。

　　KIKO是Knock-in knock-out的縮寫，是利用美元、歐元、日圓等貨幣作為標的資產（underlying assets）所設計的貨幣選擇權商品，用來對沖匯率波動產生的匯差風險，多為韓國的中小企業申辦。KIKO選擇權合約內容規定，只要匯率低於設定下限，選擇權就會失效；匯率高於設定上限，匯率愈高企業的損失就愈高。舉例來說，如果設定的匯率區間是900至1,100韓元，當匯率低於900韓元，選擇權合約就會無效，若匯率

高過1,100韓元,持有選擇權的投資人就必須賠錢賣出美元。

2007年KIKO選擇權在韓國金融市場很受歡迎,當時美元兌韓元匯率大約在900至1,000韓元之間,某些分析師預估匯率還會下降。但是2008年爆發全球金融海嘯,造成匯率狂升,一度逼近1,500韓元大關。由於市場匯率超過約定的匯率上限,購買KIKO選擇權的企業必須依照合約內容賣出美元,也就是以接近1,500韓元的匯率買入美元,再以低於1,000韓元的價格賣出美元。

問題在於韓國的中小企業,與金融機構簽署的KIKO選擇權合約金額遠高於從事貿易所需,導致後來產生很大的損失。這些業者先前曾經利用金額較小的KIKO合約嘗到甜頭,逐漸簽下金額高於平時貿易需求的合約。另一方面,有部分銀行行員在推銷金融商品時,宣稱KIKO選擇權風險低,又有避險效果,後來成為法院訴訟的爭議點。

韓國進出口貿易業者之所以會陷入匯率風險,主要是因為韓元本身的限制。韓元價值原則上由韓國的經濟基本面決定,但外部因素會對韓元價值產生更大影響。假如國際上發生震撼全球金融市場的事件,韓元一定會貶值。亞洲金融風暴、全球金融海嘯、歐洲財政危機、新冠肺炎疫情全球大爆發時,韓元貶值的幅度不輸給其他任何國家。韓國是小型開放經濟體,經濟發展高度依賴貿易,匯率風險是韓國無法逃避的現實。

其實就算國際上沒有發生重大的金融事件,韓元匯率平常也很容易受外部因素影響。美元兌韓元匯率的每日波動範圍通常是1至2韓元,如果受外部因素如美元的供需影響,就算沒有特殊事件,波動範圍也可超過10韓元,這是非國際準備貨幣的宿命。但是與阿根廷、巴西、土耳其

等國家最近幾年的情況相比，韓元還是屬於物價穩定、能永續發展的穩定貨幣。

KIKO事件的教訓，「匯率實在可怕」

在金融市場上永遠無法得知接下來會發生什麼事，其中又以外匯市場的波動性最大。如果進出口貿易業者在進出口商品、付款的時候匯率劇烈波動，業者的實際獲利就無法跟訂單簽約價格估算的相同。進出口貿易業者雖然無法避免匯率風險，不過還是可以買入遠期外匯合約避險，就能獲得依照簽約價格計算的利潤，確保公司維持財務健全，只是這樣也必須放棄匯率上升可帶來的超額利潤。換句話說，業者因為想避免預料外的匯差損失，必須放棄將來匯率上升可獲得的超額利潤，這就是遠期外匯交易的本質。KIKO選擇權雖然是本身就有風險的衍生性金融商品，但韓國中小企業購買高出平時外匯交易金額許多倍的KIKO商品，才是KIKO事件真正的導火線。如果當時韓國中小企業只買入與平時交易金額相當的KIKO商品，就算市場匯率飆破上限，遭受的損失也有限。

進出口貿易業者如果想進行匯率風險管理，應該採取比較保守的態度，以減少匯差損失作為目標，跨越了這條界線，就會從匯率風險管理變成利用匯率投機。對於專門從國外進口商品的業者，必須採取與出口業者相反的策略。製造業經常會從國外進口原物料或零件，在國內加工製造後，才將成品出口到國外。這種情況通常只對業者的淨出口額（出口金額減進口金額）進行匯率風險管理。

43 轉嫁給消費者的貶值政策

　　不論哪個國家，政府都會希望降低本國的貨幣價值，藉此增加出口、吸引外國資本流入。雖然貨幣戰爭（currency war）涵蓋的意思更廣，大致上還是可以把貨幣戰爭的本質視為匯率戰爭。

　　匯率展現國與國之間相對的貨幣價值，直接影響商品及服務貿易、資本流動，已開發國家通常把匯率交給市場決定，新興國家則是政府干預較多。美國之所以會公布匯率操縱國名單、實施關稅壁壘，就是希望減少國家干預匯率。不過在這個過程中，美國與貿易對手國之間的貿易結構、經濟互動、外交關係等方面，難免會產生複雜的作用。

　　如果韓國積極採行貶值政策，對經濟主體有何影響？假設韓國政府故意使韓元貶值，韓國出口貿易業者出口相同外幣金額的商品，換算成韓元的時候金額會變高，業者會因此得利。因為業者就算收到相同金額的美元，進入銀行帳戶的韓元金額也會變多。不過進口貿易業者卻會因為貶值政策遭遇損失，因為業者進口商品時，就算是進口相同外幣金額的商品，也必須支付更多韓元。

　　匯率波動的時候，進出口貿易業者會有最直接的感受，不是獲利就是損失。不過市場上其實還有一群隱藏的受害者，就是一般消費者。韓

國的進出口貿易在整體經濟活動占很高的比例，舉凡原油、天然氣、麵粉等能源與糧食，幾乎都是依賴進口，服飾、生活必需品等一般加工產品從中國、印度、越南等海外進口的比例也很高。如果匯率上升造成進口品價格上漲，就會直接轉嫁到消費者身上。

貶值政策會在進口貿易業者、一般消費者、出口貿易業者之間產生財富移轉效果。對一般消費者而言，貶值政策如同政府偷偷對出口貿易業者提供補貼，並且讓消費者一起分攤這筆成本，是一筆消費者看不見的「強制補貼」。

經濟合作暨發展組織（OECD, Organisation for Economic Cooperation and Development）等國際組織將韓國分類在已開發國家，但是基於小型開放經濟體易受匯率波動影響的特性，韓國為了避免金融市場混亂失序，仍然適度干預外匯市場，只是在產業政策方面，利用貶值政策增加出口能為總體經濟帶來多大效果則不得而知。若因此讓利害關係人之間產生財富移轉效果，結果恐怕更糟，政府還是應該把匯率交給市場的自動調節機制決定才是。韓國與日本持有的海外資產規模增加，許多業者直接在國外設廠生產，政府採行貶值政策讓本國貨幣貶值，對業者未必是好事。最近幾年韓國與日本的匯率雖然都大幅上升，兩國的貿易順差金額反而減少，有時甚至出現逆差。

市場環境與經濟結構已明顯改變，本國貨幣升值（匯率下降）表示一國的經濟基礎大致穩定，對外的綜合影響力增強。匯率上升比較有利、匯率下降比較不利、國家強盛必須靠「出口立國」、多賺一些美元才是愛國的表現，這些舊時代的思維可能已經過時。

44 比特幣能否取代傳統貨幣？

　　一枚比特幣（Bitcoin）的價值超過1億韓元了、投資加密貨幣賺了多少錢或賠多少錢等，現在經常聽到大家談論加密貨幣（cryptocurrency）。從這些話裡不難看出，加密貨幣比較像是「虛擬資產」而不是貨幣，價格會受美國的利率政策、總體經濟指標影響。如果把美元、歐元、日圓等各國貨幣看成商品，匯率就是衡量該貨幣價值的重要標準。若拿比特幣與各國貨幣比較，比特幣一方面是資產，一方面是加密貨幣市場的貨幣，同時具有兩種性質。

　　最早問世的加密貨幣是比特幣，誕生背景是2008年發生的全球金融海嘯，這起事件引發各界對傳統金融與政治的不信任，希望金融領域不再被任何勢力操縱。發明人利用區塊鏈（blockchain）的分散式帳本技術（DLT, distributed ledger technology），發行只存在於電腦虛擬世界的貨幣，並且設定總量為2,100萬枚。比特幣是所有加密貨幣的價格標準，也被稱為「數位黃金」，在加密貨幣市場扮演準備貨幣的角色。利用比特幣換算的其他加密貨幣價格可稱為虛擬貨幣市場的匯率，如果拿各種加密貨幣與比特幣相比，可間接得知每一種加密貨幣的相對價值，類似在金融市場以美元當作基準，計算各國的貨幣價值，就是計算匯率。

不過比特幣跟一般法定貨幣不同，使用上有許多限制。貨幣是價值衡量的標準，也能當作支付手段，還有價值儲存、交換功能。如果從這個標準來看，比特幣不太適合當作貨幣。因此韓國在相關的法令裡，已經使用虛擬資產一詞取代加密貨幣。

加密貨幣最大的問題是價格漲跌幅很大，沒有當日漲跌幅限制。一國若採行管理浮動匯率制，政府會限制匯率浮動範圍不超過某個百分比；韓國交易所也有限制股價的當日漲跌幅。但加密貨幣完全依照市場供需而漲跌，一天二十四小時、不受國界限制、一年三百六十五天，全年無休皆可進行交易，價格瞬息萬變。加密貨幣的運作方式遵循去中心化金融（DeFi, decentralized finance），不存在管理主體，不會有人決定價格漲跌幅，也不可能有人干預。以價格波動相對平穩的比特幣為例，一度飆漲到超過1億韓元，隨後又暴跌，價格剩下不到一半。其他加密貨幣的價格漲跌幅更大，有些加密貨幣甚至直接在市場上消失。

穩定幣是美元的「虛擬分身」

由於加密貨幣沒有對漲跌幅設限，存在很大風險，於是出現了穩定幣（stablecoin）。這是現實世界裡的美元無法直接在加密貨幣市場通用才產生的概念。USDC（US Dollar Coin）、USDT（US Dollar Tether）等穩定幣在加密貨幣交易所被當作價格計算的標準，用來評估其他加密貨幣的價格。穩定幣以美元作為擔保，1美元能發行1 USDC或1 USDT，直接與美元價值掛鉤。穩定幣雖然也能用美元以外的資產作為擔保，但

仍是以換算成美元的價值作為基礎發行。

　　加密貨幣市場的基準貨幣是比特幣，所有交易一般都是以比特幣為基礎進行。不過，穩定幣登場後交易量持續增加，有逐漸取代比特幣與其他加密貨幣的傾向。若從穩定幣與美元掛鉤的方面來看，美元已開始在加密貨幣市場占有一席之地，在加密貨幣領域的影響力逐漸增強。有些學者認為，加密貨幣的發展正在進入美元體系。或許是華爾街太過蠻橫、美元霸權太過強勢，才會造就跳脫既有金融市場的加密貨幣出現。但是從加密貨幣的發展來看，有一部分已開始依賴美元的公信力。

　　比特幣與穩定幣究竟會發展成競爭關係或互補關係，這一點值得大家留意。美國證券交易委員會（SEC, Securities and Exchange Commission）已經承認比特幣現貨ETF與期貨ETF，這件事情意義重大，表示美國允許資金透過指數股票型基金（ETF, exchange-traded funds）流入加密貨幣市場，認同加密貨幣大幅成長，並且將其納入傳統金融體系。由此可看出美元有意把加密貨幣納入美元霸權體制。

　　各界對加密貨幣的評價相當分歧。市場上有一群相當熱中加密貨幣的擁護者，無法被輕易忽視、否定，有些人卻認為加密貨幣沒有用處。也有人認為應該發展區塊鏈技術，發展加密貨幣沒有價值。即便如此，市場上已經有比特幣ETF、以太幣ETF的金融商品，陸續還有結合其他加密貨幣的發行計畫。有許多加密貨幣的價格是不分國界、全天候都能在國內外的交易所買賣。不管你是否認同，加密貨幣已經形成一個市場，也已經開始運作，全世界有許多加密貨幣計畫的開發者、參與者、交易者不斷在這個生態系統中活動。加密貨幣市場的發展規模、有多少

開發者與投資人參與、有多少加密貨幣的應用場景與現實世界連結，這些都會決定加密貨幣的未來。

後記　美元的旅行

　　錢之所以被叫作錢，是因為錢能到處流轉。如果錢只停留在某個地方，就沒有意義了。國與國之間的貨幣也是相同的道理，只是各國貨幣能流通的範圍有限。以韓元為例，離開韓國幾乎就無處可去。韓元在韓國可以自由流通，能對經濟發展有所貢獻，但是只要一離開韓國，立刻就被綁住手腳，在國外很少人使用。全世界有兩百多個國家，大多數國家的貨幣都跟韓元一樣，離開自己的國家就無法流通。

　　美元卻不是如此，有著可以在全世界暢行無阻的「通行證」，因此美元的流向左右著全世界的金錢流向。只要美國不犯下嚴重錯誤，筆者認為美元的旅行已經是國際慣例，應該不會在未來三十年內結束。希望讀者也能仔細閱讀美元的「旅行」，就能判斷是否真如筆者所言。

　　美元誕生在美國，聯準會獨占美元的發行權，藉由在市場上買賣債券調控美元的供應。聯準會如果在市場上買入債券，債券會回到聯準會手中，美元則會從聯準會流向市場；如果聯準會賣出手上持有的債券，債券在市場上流通，美元則會回歸聯準會。聯準會放出的美元經由美國銀行體系流向美國企業與民眾的荷包，美國企業與民眾在美國境內利用美元消費、投資與儲蓄，美元在美國境內流通的方式與其他國家貨幣在該國國內無異。

不過美元除了在美國境內流通之外，也能在國外自由流動。根據美國經濟分析局（BEA, Bureau of Economic Analysis）的統計，2023年美國對海外銷售的商品價值約5,144億美元，從海外購入的商品價值約7,794億美元。假如美國買賣商品的時候使用美元支付，2023年美國光是在買賣商品的過程就有2,650億美元流向海外，相當於360兆韓元，這筆錢流向賣東西給美國的國家。貿易收支反映一國對外國商品的買賣情況，2023年美國對中國的貿易收支為2,794億美元逆差，對日本是712億美元逆差、對韓國是514億美元逆差，表示這些錢透過國際貿易從美國進入中國、日本與韓國。對美國而言，只是利用自己印刷的美元向世界各國買東西，全世界能這麼做的國家也只有美國。除了國際貿易之外，美國使用美元投資其他國家的企業和金融機構，在其他國家的金融市場購買股票與債券，當然也是使用美元。這些時候美元都會從美國流出，朝向其他國家流入。相反的，如果美國有貿易順差或其他國家對美國投資，美元就會回流美國。美國利用這種方式將全世界的商品市場、金融市場與美元緊密連結，美元在全球市場的影響力愈來愈大。

　　流入各國的美元會被兌換成各國的貨幣。例如：三星電子出口半導體，收到美元以後，依照某個匯率兌換成韓元。如果這筆錢被三星電子用來發給韓國的員工當薪資，雖然三星電子出口半導體獲得的美元進入了銀行，卻會變成等值的韓元進入韓國國內，使韓國流通的韓元增加。只要韓元的數量增加，韓國物價就有可能上漲，物價上漲會讓韓國民眾必須支付更多錢才能買到東西。明明是韓國企業對美國賣出商品，賺進美元，結果卻造成韓國物價上漲，是不是很諷刺。當流入韓國的美元數

量太多,通膨率提高,韓國的中央銀行就會發行債券,回收市場上流通的韓元。這種為了穩定貨幣的債券叫作「貨幣穩定證券」。韓國的中央銀行發行貨幣穩定證券回收韓元,可讓市場上流通的韓元減少,達到穩定物價的效果,但是債券供給增加會造成債券價格下跌,市場利率上升。韓國企業辛苦製造商品拿到美國銷售,賺得美元卻必須支付一筆成本來調控經濟,這就是美元享有的特權。

韓國業者利用出口賺進的美元未必會留在韓國。假如三星電子利用出口賺到的美元向台灣業者購買半導體材料,美元就會往台灣移動;假如三星電子用這筆錢購買美國債券,或把錢交給美國的分公司保管,美元就會回到美國。中國與日本利用與美國貿易取得的美元大量購買美國國債。美國國債是美國的債務,美國利用債券向其他國家借錢,用負債借來的錢進口其他國家的商品。中國將一部分貿易賺得的美元借給其他國家,一部分用來進口其他國家的商品,美元因此在全世界到處旅行。在美元環遊世界的過程,許多國家的經濟受到影響。

每次只要美國的經濟發生問題,美國就會利用發行美元來解決,這一點可以從美國聯準會的資產負債表得知。聯準會對市場放出美元時,利用在市場上買入債券,增加美元的供給量。買入債券會使聯準會的資產增加,資產增加的金額就是聯準會釋放出的貨幣量。這筆錢透過銀行流入市場,之後又從市場回到銀行,不停地循環。聯準會釋出的美元經由這個過程變成好幾倍,持續在市場上流通。

根據聯準會公布的資料,2008年7月聯準會的資產是9,000億美元。2008年美國房地產市場泡沫化,引發金融危機,聯準會立刻透過買入

債券，對市場放出貨幣，大幅增加資產。2014年聯準會的資產達到4兆5,022億美元，幾乎是2008年7月的五倍；2020年新冠疫情引發的金融危機來襲時，聯準會再度向市場注入巨額資金。預計2022年聯準會資產增加到約8兆9,000億美元，短短十四年內，聯準會的資產增加大約九倍。如果這筆錢留在美國，美國的物價肯定失控，美元變成壁紙。然而國際金融市場早已臣服在美元的霸權之下，這筆龐大的金額往世界各國流動，推動美元的世界之旅，世界各國則是敞開雙臂歡迎美元到來，讓美國順利擺脫通貨膨脹的糾纏。

起初世界各國看到有美元自己找上門，紛紛表示歡迎，尤其是經濟不穩定的新興國家，對美元更是熱烈歡迎。這些新興國家有時候靠出口商品換得美元，有時候必須支付利息才能借得美元。剛開始流入各國的美元只有少許，後來有長達十多年，美元像洪水一樣湧入各國，堆積在各國的金庫裡。

各國雖然樂見金庫裝滿美元，實際上受惠的卻是美國。因為美國不論印刷多少美元，世界各國都願意接受，樂意將美元收下來存放，反而使美元的需求成長，造成美元價格上漲。美元指數是將美元與世界主要貨幣進行比較、展現美元價值的指標，2009年美元指數大約落在76至80，2024年5月上升到105。美元彷彿有魔法，不論發行多少，價值都不會降低，因此美國可以印美元賺錢。聯準會印發的美元進入美國的金融機構與企業，幫助美國順利擺脫金融危機與經濟危機。表面上看來像是聯準會的政策非常有效，其實背後全靠接收美元的許多國家在支撐美元價值。假如各國禁止美元旅行，美元的價值肯定暴跌，那麼美國至今將

無法擺脫經濟衰退。

人到了一定年紀會想回鄉，美元到了一個時間也會返國。2022年美國用很快的速度調升基準利率，呼喚十幾年來不斷在世界各地旅行的美元回家。美國調升基準利率就是下達美元回國的命令，其中一個原因是聯準會持有的美國資產剩下7兆3,630億美元，兩年內減少約1兆6,000億美元。

收到回國的命令，流落在外的美元開始整裝朝美國出發。我們無法得知每一筆美元從何處歸來，只能猜測最先抵達的美元可能來自經濟發展較差、政治局勢較不穩定的國家。美元返鄉會影響外國投資人心理，引發美元撤離，造成一國的貨幣大幅貶值，由金融市場引發連鎖反應，最後癱瘓該國經濟。曾經好意收留美元的國家，卻在美元返鄉時面對殘酷的事實咬牙切齒。最諷刺的是，在美國困難的時候，接收最多美元的國家受美元返鄉的影響最大。十幾年來世界各國禮遇美元，歡迎美元到處旅行，但美元返鄉時無情地搞毀各國經濟，這正是擁有特權的美元的霸道之處。

美元無情地離開時，各國只希望美元離開的腳步可以放慢。2024年5月阿根廷的基準利率是年利率50%，幾乎是相同時間美國基準利率（5.5%）的十倍；位在歐亞大陸的土耳其也是把基準利率調升到50%，只為了避免美元流出，才不得已出此下策。阿根廷、土耳其的匯率受美元影響開始動盪，國家為了降低影響範圍宣布升息，依然無法留住美元，國際外匯市場隨著美元的動向起舞。美元的故鄉是美國，美元也是美國創造的貨幣，在遊歷各國的旅途上，對各國的匯率、經濟產生重大影

響,離開時還要衝擊其他國家的經濟。全球經濟因為美元笑,也因為美元哭。

在美元的旅行之中,沒有任何安全地帶,國家如果以安逸的態度面對,遲早會種下禍根,甚至陷入國家破產的困境。在美元的返鄉之路告一段落之前,全球金融市場的利率、股價、貨幣價值會不斷地大起大落。世界各國雖然想擺脫無所不能的美元霸權,實際上卻無能為力。美元的旅行充分展現世界經濟如何以美國中心運作,在美元霸權之下全球經濟失衡的問題。

國家圖書館出版品預行編目(CIP)資料

一本書讀懂匯率/ 盧泳佑著, 趙慶燁著;陳柏蓁譯. -- 初版.
-- 臺北市:城邦文化事業股份有限公司商業周刊, 2025.04
  面; 公分.
譯自:세상 친절한 환율수업

ISBN 978-626-7678-23-7(平裝)

1.CST: 利率   2.CST: 金融市場   3.CST: 國際經濟
563.24   114003485

一本書讀懂匯率

作者	盧泳佑、趙慶燁
譯者	陳柏蓁
商周集團執行長	郭奕伶

商業周刊出版部

責任編輯	林雲
封面設計	BERT
內頁排版	林婕瀅
校對	呂佳真
出版發行	城邦文化事業股份有限公司-商業周刊
地址	115台北市南港區昆陽街16號6樓
	電話：(02)2505-6789　傳真：(02)2503-6399
讀者服務專線	(02)2510-8888
商周集團網站服務信箱	mailbox@bwnet.com.tw
劃撥帳號	50003033
戶名	英屬蓋曼群島商家庭傳媒股份有限公司城邦分公司
網站	www.businessweekly.com.tw
香港發行所	城邦（香港）出版集團有限公司
	香港九龍九龍城土瓜灣道86號順聯工業大廈6樓A室
	電話：（852）25086231 傳真：（852）25789337
	E-mail：hkcite@biznetvigator.com
製版印刷	中原造像股份有限公司
總經銷	聯合發行股份有限公司 電話：（02）2917-8022
初版1刷	2025年4月
定價	台幣390元
ISBN	978-626-7678-23-7（平裝）
EISBN	9786267678220（PDF）
	9786267678213（EPUB）

세상 친절한 환율수업
A BEGINNER'S GUIDE TO EXCHANGE RATE
Contradictions by 노영우 (Youngwoo Rho, 盧泳佑), 조경엽 (Kyungyup Cho, 趙慶燁)
Copyright © 2024
All rights reserved.
Complex Chinese copyright © 2025 Business Weekly, a division of Cite Publishing Ltd.
Complex Chinese translation rights arranged with MIRAEBOOK PUBLISHING CO. through EYA (Eric Yang Agency).

版權所有・翻印必究（本書如有缺頁、破損或裝訂錯誤，請寄回更換）
商標聲明：本書所提及之各項產品，其權利屬各該公司所有

藍學堂

學習・奇趣・輕鬆讀